本书受国家社科基金一般项目（批准号：18BGL076）资助

经济管理学术文库·经济类

会计信息质量与
股价震荡风险预警机制研究

Research on Accounting Information Quality and
Stock Price Fluctuation Risk Warning Mechanism

周　蕾　宋佳宁／著

经济管理出版社
ECONOMY & MANAGEMENT PUBLISHING HOUSE

图书在版编目（CIP）数据

会计信息质量与股价震荡风险预警机制研究/周蕾，宋佳宁著．—北京：经济管理出版社，2023.12

ISBN 978-7-5096-9539-5

Ⅰ.①会…　Ⅱ.①周…②宋…　Ⅲ.①会计信息—影响—股票价格—风险管理—研究—中国　Ⅳ.①F832.51

中国国家版本馆 CIP 数据核字（2024）第 011674 号

组稿编辑：张巧梅
责任编辑：杨国强
责任印制：许　艳
责任校对：王淑卿

出版发行：经济管理出版社
　　　　　（北京市海淀区北蜂窝 8 号中雅大厦 A 座 11 层　100038）
网　　址：www.E-mp.com.cn
电　　话：（010）51915602
印　　刷：唐山昊达印刷有限公司
经　　销：新华书店
开　　本：720mm×1000mm/16
印　　张：12.75
字　　数：221 千字
版　　次：2024 年 2 月第 1 版　　2024 年 2 月第 1 次印刷
书　　号：ISBN 978-7-5096-9539-5
定　　价：88.00 元

前　言

　　防范化解重大风险是中国经济社会发展的三大任务之一，而解决该问题的主要途径是寻找引发风险的原因和对风险进行有效预警。证券市场的稳定不仅关系到国家金融安全，还牵动着广大股民的切身利益。近年来，股价的巨幅波动不仅对投资者信心和个人财富造成重挫，也严重扰乱了资本市场的秩序。不论是监管部门还是市场参与者，都在迫切地寻找股价震荡原因、探索风险预警机制。目前，有关引起股价震荡原因的讨论相对丰富，但对于风险预警的研究尚在起步阶段。

　　本书通过梳理现有文献，结合多家公司的案例观察与分析，将公司股价震荡的原因归结为"羊群效应"和"信息隐藏"两类假说，前者从宏观市场交易数据入手，认为投资者非理性的跟风交易是引发股价震荡的直接原因；后者从微观企业行为入手，认为管理层刻意隐藏坏消息是引发股价震荡的根本原因。任何系统的崩溃都是从内部缺陷开始的，当企业面临困境时，管理层为了平滑利润、融资、监管、诉讼等原因有动机隐藏坏消息，但企业隐藏坏消息的能力却是有限的，当逐渐积累的坏消息失去控制被集中释放至资本市场时，必将导致投资者跟风抛售公司股票，引发股价向下巨幅震荡。基于此，很多学者围绕宏观经济环境、行政制度、企业并购、融资、内部控制、媒体监督、审计收费、税收筹划、董事会监督机制等因素展开深入讨论，取得了较为丰硕的研究成果。不过，由于股价震荡成因的复杂性，未来仍有大量领域和视角尚待发掘，因此，本书进一步探索股价震荡的影响因素，构建有效的预警机制具有重要的理论意义与现实意义。

股价暴涨暴跌是影响金融市场稳定的重大事件，如何对风险进行预警一直是实务界与理论界关注的热点话题，诸多学者尝试构建模型对公司的退市风险、财务危机、破产风险等进行预警，但对于股价震荡风险的预警研究尚处于起步阶段，甚至有很长时间学者们认为股价走势是不可预测的，直到后来越来越多的学者从跨学科的角度将统计物理学、神经网络模型等纳入研究框架，才发现股价走势并非随机漫步，而经过深度机器学习算法模拟后发现，看似无序的交易背后存在着可预测的成分。他们尝试构建对数周期幂律奇异性模型、RA 神经网络模型、BP 神经网络模型等，对原油期货、股票价格、钨期货、铜期货等金融资产的价格波动特征与未来价格走势进行预测及估计。这些研究在一定程度上拓展了风险预警研究领域的理论基础与技术边界。不过从以上文献的研究对象来看，大多数学者更关注金融资产在宏观资本市场的波动轨迹，鲜少考虑个股的股价走势和风险情况，更鲜有学者从企业角度出发讨论个股的股价震荡概率。而重大金融风险的防范不仅需要国家层面的顶层设计和政策支持，更需要微观企业的积极治理与有效应对。因此，了解哪些因素会影响公司股价震荡风险，进而有针对性地进行治理和改进具有重要的现实指导意义。基于此，本书综合采用实证研究和案例分析法，分别从股东、董事会、监事会、高管、数字金融等内外部公司治理特征以及企业债券违约、股权质押、高商誉并购等行为探究公司股价震荡风险的影响因素，在此基础上构建 Logistic 与 BP 神经网络模型对我国上市公司的股价震荡概率进行预警，以期为公司防范治理股价震荡风险提供有益建议。本书发现：

第一，连锁股东的存在有助于抑制企业股价震荡的风险。连锁股东通过投资组合使多家企业紧密相连，相较于其他股东，他们往往掌握更多的内部信息，也拥有更丰富的公司管理经验，不仅能对管理者实施有效监督，还能作为企业间信息和资源流通的关联节点发挥信息与资源效应，遏制企业隐藏坏消息的行为，降低股价震荡风险。

第二，董事会成员间的非正式层级可能会增加公司股价震荡风险。虽然董事会成员间没有上下级关系，但资历尚浅的董事更愿意听从资深董事的意见，这种非正式层级有助于减少矛盾，快速达成共识，但同时也有利于企业隐瞒负面消息，进而推升公司股价震荡风险。而解决这一问题的有效手段是尽量扩大董事会规模，因为来自多个领域和部门的董事很难同时被资深董事所左右，因而能有效降低公司隐藏坏消息的概率，缓解董事会非正式层级的负面影响。

第三，高管金融背景有助于抑制公司股价震荡风险。高管的金融工作经历对其识别和掌控公司风险尤为有利。不仅如此，拥有金融工作经历的高管通常拥有更广阔的人脉和更密集的关系网络，可以帮助企业与金融机构和其他外界利益相关者间搭建信息桥梁，缓解内外部信息不对称程度，降低公司股价震荡风险。

第四，企业数字化转型有助于抑制公司股价震荡风险。数字化转型有利于内部控制制度和组织结构的优化，为企业内部、外部信息的高效流转和有序传达创造条件。此外，企业向外界公布实施数字化转型战略等积极信息时，会吸引外部媒体、分析师、机构投资者对企业运行状况的关注，进一步提升企业内外部信息透明度，进而降低公司股价震荡风险。

第五，企业的债券违约、股权质押和高溢价并购行为会显著推升公司股价震荡风险，构建 F 值和 Z 值模型可以较好地预测公司风险。本书分别以神雾环保公司"16 环保债"违约事件、恺英网络公司股权质押及高商誉并购事件为研究案例，分析了上述行为对股价震荡风险及公司经营的负面影响，并通过构建 F 值和 Z 值模型对案例公司的风险进行了预警，发现以上模型有较强的风险预警能力。这对于企业、投资者、监管者防范风险具有较强的借鉴意义。

第六，融合了宏观经济变量和微观企业特征及行为变量的 Logistic 和 BP 神经网络模型有更高的预警准确率，其对公司股价震荡概率的预警均达到 85% 以上。尤其是 BP 神经网络模型，其预警准确率接近 90%，且模型具有良好的泛化能力。基于此，企业、投资者和监管方应根据各自的风险承受能力和所能获取的信息，综合运用各类预警模型构建股价震荡风险预警机制，并根据模型中各要素的重要性水平探寻对应的解决方案，以防范化解公司股价震荡风险。

本书的主要贡献和可能的创新点主要有：①基于羊群效应理论和信息不对称理论分别从宏观和微观的角度总结归纳资本市场股价震荡风险的原因，本书在前人研究的基础上进一步探讨了连锁股东、董事会非正式层级、高管金融背景、企业数字化转型及债券违约、股权质押、高溢价并购等对公司股价震荡风险的影响，并有针对性地提出了改进建议。②根据震荡风险产生的原因分别从系统性风险与非系统性风险的角度，构建 Logistic 和 BP 神经网络模型，同时引入上述公司治理特征及企业行为变量对模型进行改进，运用改进后的模型对公司未来股价震荡概率进行预警，并测评不同类别变量对预警结果的重要性程度，为相关政策建议提供数据支持。③立足于个股而非整个资本市场构建股价震荡风险的预警机制，兼顾宏观经济环境和微观企业特征对公司股价震荡概率的影响，有针对性地提出改进建议，为我国上市公司的风险防控提供有益帮助。

目 录

第一章　绪论

第一节　研究背景与研究意义

一、研究背景

有效防范化解重大经济金融风险是维护国家安全的重要内容。在党的二十大报告中，习近平总书记以强烈的问题导向和忧患意识，再次强调各部门应"坚持标本兼治、远近结合，牢牢守住不发生系统性风险底线"，明确把强化监管、提高防范化解金融风险能力作为做好金融工作的重要原则之一。抗击和化解重大风险，就是要把防范风险放在突出位置，积极识别影响风险的关键要素，有针对性地采取防范措施，努力避免重大国际国内风险或对重大风险进行预警，以便各相关利益方提前做好应对，渡过难关。

坚决打赢防范化解重大风险攻坚战，是迈向高质量发展必须跨越的关口。当下，我们的改革发展正处在攻坚克难、闯关夺隘的重要阶段，各类系统性风险增多、风险联动性增强，特别是伴随着资本市场的迅猛发展，我国各类金融风险逐渐积累并不断爆发，多次引起资本市场动荡，股市"牛短熊长"、股价"暴涨暴跌"现象在我国屡见不鲜。

近年来，关于我国股市异常波动的研究日趋丰富，大量实践者和理论研究者对其波动原因做了深入分析，认为国内宏观经济形势、政策调控、整体产业结构调整与升级、国外经济环境、热钱流向、中美贸易摩擦等宏观因素对股市有重要影响。此外，随着越来越多股价联动性案例的出现，人们意识到微观企业行为引发的个股震荡可能会传染至整个股市，带动某个板块甚至整个资本市场的同涨同跌。显而易见，宏观层面因素导致的股价异常波动属于系统性风险，难以避免或者难以通过投资组合分散风险，而微观层面因素导致的个股异常波动通常可以通过纠正个体行为或进行投资组合进行预防和改善。因此，从微观个体探究股价震荡的诱发因素，并构建相应的预警机制，是值得学术界和实务界重点关注的问题。

二、研究意义

股票市场平稳健康地发展关系到投资者、政府和社会公众的切身利益，影响着中国的安全稳定与经济繁荣。尽管经过多年的发展，中国股市已经取得了一定的进步，但它仍然面临着诸多问题与挑战。随着我国股票市场的发展，越来越多的学者开始关注股价震荡风险，尝试从宏观、微观的角度入手探索能够降低股价震荡风险的方法。本书试图在已有研究的基础上，进一步从股东、董事会、高管特征和股权质押、债券违约及企业数字化转型等方面讨论公司特征及行为对股价震荡的影响，在尽可能多地捕捉股价震荡风险影响因素后，构建 Logistic 和 BP 神经网络模型对个股震荡概率进行预测，希望能够从实证分析的结果中为个股及资本市场防范化解重大金融风险提供一定的参考。

（一）理论意义

第一，从企业微观视角探寻公司股价震荡的影响因素，进一步丰富了公司股价震荡风险相关研究领域的文献。目前鲜少文献将董事会非正式层级、连锁股东、高管金融背景、企业数字化转型等要素与股价震荡风险相连，本书在以上方面做了有益尝试。通过构建实证模型验证了以上要素对股价震荡的显著性影响，并提出了相应的政策建议。本书的研究不仅丰富了股价震荡风险方面的研究文献，也拓展了有关公司治理的研究文献。同时，本书丰富了委托代理理论、信息不对称理论、过度自信理论、薪酬激励理论、投资者情绪理论等研究成果，同时为股价震荡成因提供了相应的理论解释。

第二，融合宏观层面和微观层面的影响因素，通过构建 Logistic、BP 神经网络模型对个股震荡概率进行预测，丰富了股价震荡预警相关研究领域的文献。现有文献虽然对股价震荡风险影响因素展开了相对系统和全面的分析与讨论，但对于个股的股价震荡预警研究尚处于起步阶段，相关的零星几篇文献也主要关注整个资产市场价格指数的预期走势及可能的崩盘时点，对于个股的股价震荡预警鲜有文献进行系统论证和探索。本书的研究不仅补充了经济预警方面的研究文献，也充实了股价震荡经济后果的相关成果。

第三，以案例研究的形式分析了公司行为对股价震荡的影响，尤其关注会计信息质量与个股风险溢价在两者之间发挥的作用，丰富了现有风险溢价理论与财务会计理论研究框架。截至 2022 年 11 月，我国已有 195 家公司发生退市，其在退市前均因各种各样的缘由发生了股价巨幅震荡，甚至有公司多次发生震荡，因此股价震荡对企业生存危机具有极其严重的影响，本书以多家公司为案例，从股权质押、债务违约、高商誉并购等角度分析探讨以上行为对企业信息质量、风险溢价及最后引发股价震荡全过程的影响，丰富了相关的文献。

（二）现实意义

第一，研究股价震荡风险形成的原因、论证股价震荡风险的影响因素以及探讨如何降低股价震荡风险对微观企业防控风险极具现实意义。近年来发生的股价震荡给资本市场和投资者带来深远的影响。本书立足于研究会计信息质量与股票风险溢价对股价震荡的影响，从企业行为与公司治理特征探寻影响公司股价震荡的因素，兼顾微观和宏观变量构建股价震荡预警模型，对于改进公司治理效率、降低投资者风险、维护资本市场稳定具有重要的现实意义。

第二，进一步验证了会计信息在资产定价方面的重要作用，本书研究发现，影响公司股价震荡风险的微观因素之所以会产生显著影响，皆是因为企业行为或公司治理特征影响了会计信息透明度，造成了公司内外存在信息差，导致坏消息在企业内部逐渐积累，直至超过负荷引发股价震荡。本书揭示了会计信息质量如何通过影响投资者的风险感知，进而对股票风险溢价产生影响，便于人们重新审视公司财务的相关理论，为会计信息在消除信息不对称及资本市场股票定价等方面的作用提供证据，为相关财经制度的完善与有效执行提供治理建议。

第三，为践行党的二十大报告中提出的"防范化解重大风险"提供理论指引与决策支持。党的二十大政府工作报告中指出，2018 年中国经济社会发展的三大任务之一是防范化解重大风险，本书考察了股价震荡前后会计信息质量与股票风险溢价的变化，尝试构建股价震荡预警模型，力争为我国金融领域防范风险工作提供理论指引和决策支持。

第二节　研究思路、研究方法与研究内容

一、研究思路

本书主要解决三个问题：

第一，现有研究是否穷尽了所有影响公司股价震荡的因素？若为否，还有哪些因素产生了重要的影响？

第二，公司股价震荡是否可以预警？目前有哪些预警模型可以借鉴？该如何综合宏观和微观影响因素构建股价震荡的预警模型？

第三，该如何防范或缓解股价震荡风险？

基于以上问题，本书从微观层面考察公司行为及公司治理特征，具体包括连锁股东、董事会非正式层级、高管金融背景、企业数字化转型、债券违约、股权质押及高商誉并购等与股价震荡风险的关系，并验证会计信息质量在以上相关关系中发挥的中介作用，通过进行稳健性检验和内生性处理后，深入分析以上公司特征和行为对股价震荡风险产生影响的作用机制，在此基础上构建 Logistic、BP 神经网络模型对公司股价震荡概率进行预测，以期为防范化解重大风险提供有益建议。全书研究思路如下：

首先，叙述研究背景，介绍本书的研究意义，进一步地叙述研究思路、研究框架、研究方法、研究内容以及创新点。同时对本文相关的现有文献进行梳理和评述，包括股价震荡风险的成因、影响因素、可供参考的预警理论和风险预警模型，提出本书所要探究的问题，明确本书的研究方向。

其次，论述理论基础，从理论出发结合资本市场运行实际总结股价震荡产生

的原因，从微观企业的角度，尝试从公司治理结构及特征、企业管理层特征、企业交易行为、股东特征等方面探究其与股价震荡之间的关系，并结合现有文献和理论提出研究假设。在此基础上进行研究设计，确定数据来源和选择研究样本、设计核心变量构建多元回归模型，以验证以上影响因素的显著性，为下文构建预警模型提供增量贡献。

最后，在前文结论的基础上，归纳和整理可能影响公司股价震荡的宏观和微观变量，并将其引入 Logistic 和 BP 神经网络模型，对模型的预警精度进行评判，进一步分析哪类变量对企业有更重要的影响。同时，结合前文研究结论，提出相应的政策建议、不足和研究展望。本书研究思路及框架如图 1.1 所示。

二、研究方法

第一，文献研究法。通过收集、回顾、梳理、分析与股价震荡有关的文献，归纳和总结导致公司发生股价震荡的深层次原因。同时，借鉴国内外研究的相关观点，结合羊群效应理论、信息不对称理论、公司治理理论和信号传递理论，分别从公司治理特征及企业行为等方面探讨其对公司股价震荡风险的影响，进而提出本书的系列假设。最后在梳理现有预警模型的研究文献的基础上，借鉴并改进模型对我国上市公司的股价震荡概率进行预警。

第二，实证分析法。以我国上市公司数据作为研究样本，首先，对数据进行整理与分析；其次，依据提出的研究假设建立回归模型，分析连锁股东、董事会非正式层级、高管金融背景及企业数字化转型等要素与股价震荡风险的相关关系，进一步以会计信息质量作为中介变量探讨以上要素影响股价震荡风险的作用机制，并通过一系列稳健性检验与内生性检验确保研究结论的稳健性；最后，通过构建和改进 Logistic 和 BP 神经网络模型对公司的股价震荡概率进行预测，分析和评判不同类别变量的重要性，为后文的研究结论与政策启示提供数据支持。

第三，案例分析法。在理论研究和现状分析的基础上，选取神雾环保和恺英网络公司为例，考察企业债券违约、股权质押及高商誉并购行为对公司风险演变过程的影响，同时运用 F 值和 Z 值模型对公司风险进行预警，以期为各利益相关方防范风险提供建议。

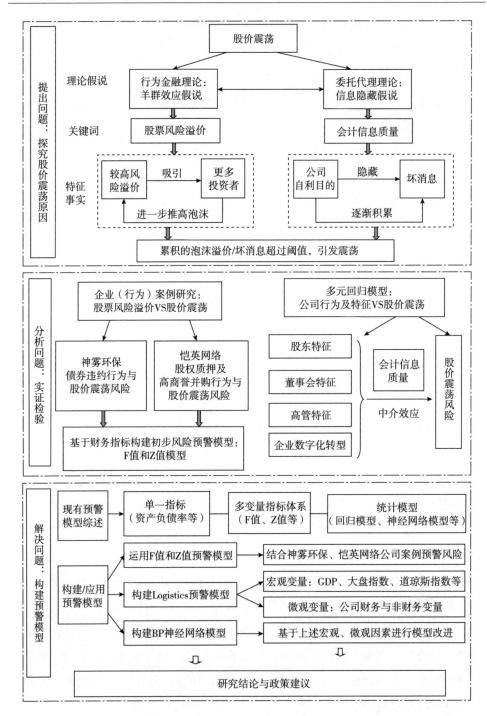

图 1.1　本书研究思路及框架

三、研究内容

本书的内容安排如下：

第一章，绪论。介绍了本书选题背景和意义，给出了研究思路与方法，对研究内容作了简明扼要的阐述，明确提出本书的特色与创新点。

第二章，理论基础与文献综述。本章梳理了与股价震荡风险的相关文献、综述了目前学者对股价震荡现象根源的探讨，归集了已被实证检验的对公司股价震荡风险产生显著性影响的因素，为后文探寻更多可能的影响因素提供文献支持。同时，从羊群效应理论、信息不对称理论、公司治理理论和信号传递理论等角度论证了股价震荡的演变过程，为会计信息质量在各类因素与股价震荡风险间发挥中介作用提供理论支持。

第三章，股价震荡风险的影响因素。在前文综述的基础上，从连锁股东、董事会非正式层级、高管金融背景、企业数字化转型等全新角度，通过理论与逻辑推理提出假设、构建模型，以实证检验的方式论证其与股价震荡风险的相关关系，并通过系列稳健性检验及内生性检验确保结果的稳健性。最后尝试从会计信息质量、代理成本、财务违规等角度探寻其作用机制，并提出相应的政策建议。

第四章，上市公司股价震荡案例启示及初步预警模型探析。在分析我国上市公司股价震荡现状的基础上，选取神雾环保和恺英网络公司作为典型案例分别考察企业债券违约、股权质押及高溢价并购行为对公司信用风险、震荡风险的影响，分析了案例公司因不当行为逐渐陷入财务危机，甚至濒临退市的风险演变过程的影响，运用 F 值和 Z 值模型对公司风险进行预警，并为各利益相关方防范风险提供政策建议。

第五章，股价震荡风险预警模型构建与改进。首先，介绍 Logistic 和 BP 神经网络模型的运行原理；其次，在现有模型的基础上逐步引入宏观变量、微观企业财务指标及公司治理、企业行为等非财务指标，对 Logistic 和 BP 神经网络模型进行改进；最后，以我国 2016~2020 年上市公司为研究对象，运用改进后 Logistic 和 BP 神经网络模型对公司的股价震荡概率进行预测，并分析和评判不同类别变量的重要性，提出相应的政策建议。

第六章，研究结论与政策启示。对全书的主要研究结论进行了总结和归纳，并从中获得了有利于企业防范化解金融风险、提升公司治理效率的政策启示。

第三节　创新与不足

一、创新之处

（1）基于羊群效应理论和信息不对称理论分别从宏观和微观的角度总结归纳资本市场股价震荡风险的原因，进一步拓展了影响公司股价震荡风险的因素，丰富了相关文献。本书在前人研究的基础上进一步探讨了连锁股东、董事会非正式层级、高管金融背景、企业数字化转型及债券违约、股权质押等对公司股价震荡风险的影响，并有针对性地提出了改进建议。

（2）根据股价震荡风险产生的原因分别从系统性风险与非系统性风险的角度，构建 Logistic 和 BP 神经网络模型，同时引入上述公司治理特征及企业行为变量对模型进行改进，运用改进后的模型对公司未来股价震荡概率进行预警，并测评不同类别变量对预警结果的重要性程度，为相关政策建议提供数据支持。

（3）立足于个股而非整个资本市场构建股价震荡的预警机制，兼顾宏观经济环境和微观企业特征对公司股价震荡概率的影响，有针对性地提出改进建议，为我国上市公司的风险防控提供有益帮助。

二、不足与未来展望

虽然本书尽可能地挖掘了影响股价震荡的影响因素，但受限于有限理性，仍然有可能遗漏变量，导致论文结果可能存在一定误差。

本书对 Logistic 和 BP 神经网络模型进行了改进，并将预警的重点放在公司股价震荡的概率上，至于股价震荡的时点，震荡时最可能的峰值价格，以及何时触底反弹等问题，本书暂时无法给出答案。为了解决这方面的缺憾，本书曾经尝试借用统计物理学的 LPPL 模型，虽然该模型对宏观金融市场的震荡时点有一定的预警能力，但当把预警视角从宏观市场聚焦到微观企业股价时，LPPL 模型收敛性较差，最终不得已放弃。但从预警目的和实用价值看，这部分内容无疑是未来股价震荡预警模型的发展方向。另外，考虑到人工智能技术的不断完善，尤其是ChatGPT 的问世，未来股价震荡预警模型可以融入更先进、更高效的人工智能元素，以实现对个股震荡时点和价格的预测。

第二章　理论基础与文献综述

第一节　理论基础

一、羊群效应理论

羊群效应是社会心理学中的一个重要概念，最早出现在股票投资行为的研究中，它指当环境中的交易个体数量众多、竞争异常激烈时，人们通常存在从众心理、人云亦云，即使行为人自身是理性的也往往因各种原因放弃对自身所掌握的信息进行分析转而追随他人，进而导致集体非理性的结果出现。造成羊群效应的原因主要有以下两点：其一，由于高价值信息的获取往往存在一定的交易成本，因此并不是所有参与者都拥有充分的信息，并且大多数交易者都认为自己所掌握的信息不足以使自己做出优于市场群体的决策，于是模仿他人行为、从众交易成为最优解，进而带动整个市场的从众交易行为，形成连锁反应（席勒，2016）。其二，在有限信息条件下，当某个项目具有较大不确定性时，决策者为了避免错误有损自身声誉，往往会选择跟随其他交易者的决策行为，他们认为只要采用与其他交易者一致的决策行为，那么至少可以获得他们现有的平均业绩，即使后期出现差错，也会有大量其他的失败者分担自己的责任，减少对自己声誉的危害（Scharfstein 和 Stein，1990）。这种从众行为带来的标的资产暴涨或者暴跌迫使部分先前保持理性的投资者为了实现资产增值或者保全资产也融入到集体行为中，进一步推高标的资产价格或者将其进一步拖至深渊。

这里我们不讨论投资者因所掌握的信息相同而做出相同决策的羊群效应，实际上这种从众效应提升了信息的资源配置效率，一般不会造成恶劣的经济后果。除此之外发生的羊群效应，其核心原因是信息不对称，导致未掌握优势信息的交易者从众投资，使资产价格脱离其实际价值暴涨暴跌。

根据以上描述，羊群效应导致的股价震荡演变过程如下：假定金融市场中存在大量自由的投资者，标的资产具有较大的不确定性，信息在不同交易者之间存在信息差，少数具有信息优势的投资者做出了买进的决策，犹如羊群中的头羊指明了前进的方向，其他投资者纷纷效仿，带动资产价格上涨，而上涨的价格吸引更多投资者涌入带来新一轮的价格上涨，直至买卖压力超过市场所能提供的流动性，资产泡沫膨胀至临界点，投资者开始恐慌，寄希望于放弃收益（降价出售）以换取流动性，但抛售行为再次引起从众者的模仿，直至击穿市场，引发震荡。

二、信息不对称理论

信息不对称在经济学中也称作"信息失灵"，即在市场经济活动中，存在利益关系的不同主体对有效信息的掌握程度不同。在古典经济学理论中，很多经典的模型比如完全竞争模型都有一个非常重要的假设，即对于市场中所有的参与者而言，信息都是零成本且完全公开的，不存在摩擦信息。但在现实生活中这一假设很难成立，由于交易成本的广泛存在，交易主体之间普遍存在着信息不对称，而不对称的信息必然会影响交易主体的交易行为，对市场的资源配置效率产生负面作用。

信息不对称理论有两个基本的假设：假设一，交易主体对有效信息掌握程度不同，一方比另一方在信息方面更具有优势；假设二，交易主体彼此知道自己在该交易中信息方面的优劣地位。信息不对称的后果也存在两种情况，如果交易前存在信息不对称易引致逆向选择，若交易后存在信息不对称易引致道德风险。

信息不对称是资本市场运行、公司管理运营中不可避免的问题。一方面，信息不对称存在于投资者与企业之间。Rome（1993）曾指出，信息不对称导致投资者不了解企业的真实财务状况是企业股价震荡的重要原因。在资本市场中，对于投资者和企业而言，企业属于信息优势方，投资者处于信息劣势方。由于这种信息不对称，投资者无法对企业的股价做出合理的预期，而投资者通过其他途径获取信息将产生巨大交易成本，不符合风险效益原则，导致投资者在面对负面信息时易倾向风险规避态度。也正是因为在资本市场中不可能实现信息完全对称，企业也了解投资者出于信息不对称而存在的风险规避心理，故为实现自身利益的最大化，在其掌握绝对信息优势地位的情况下，会通过各种手段隐藏对自己不利的信息，负面消息在企业内部不断累积，但投资者并不了解，故投资者不能准确地预估企业的价值，在一定程度上导致逆向选择问题。投资者出于自己利益最大化会深度挖掘企业信息，因此一旦负面消息流出必然会导致股价的巨大波动。比如当企业出现利空消息时，投资者认为信息不对称仍然存在，当前披露的负面消息只是冰山一角，很可能还有更多负面消息未被发现，此时投资者认为自己对当前企业股价的预期是不合理的，一旦有其他负面消息被披露必然引发连锁反应，股价会进一步下跌，此时投资者最理性的投资决策就是抛售股票。一旦多个投资者由于这种信息不对称而抛售该企业股票，其他投资者也会由于恐慌而抛售，从而引发企业股价震荡。另一方面，信息不对称也存在于股东和管理者之间，即所有者和经营者之间。相对于股东而言，管理者更清晰地了解公司运营过程中产生的各种问题，投融资决策的风险和收益，即管理者在企业信息的数量、质量和有效性方面更具有优势。而委托人——公司的股东，由于现代股份有限公司中普遍存在的所有权与经营权分离，导致绝大部分的中小股东难以获得完全的企业信息，这为管理层的机会主义行为提供了空间，也是委托代理问题产生的根源。

三、公司治理理论

公司治理理论是围绕委托代理问题提出的解决方案，目前典型的公司治理模式分为"股东治理模式"和"利益相关者治理模式"两种，虽然关注的对象有所差异，但治理的核心都是借助于正式或者非正式的内部制度或者外部机制来监督和制衡企业所有者与管理者的行为，以实现企业价值最大化（李维安，2019）。公司治理理论指出，激励与监督是解决委托代理问题最重要的手段，恰当的激励方式辅以行之有效的内外部监督可以在很大程度上缓解信息不对称的问题。

公司治理是一个多维度、多层次的概念，既包括企业内部制度设计（包括财务制度和利润分配制度等）、企业经营管理人员权利义务的安排与监督，也包含企业运营管理机制（包括企业未来发展规划、高管薪酬激励、员工激励以及风险管理等）。一般来说，公司治理机制可以分为内部治理机制和外部治理机制两大部分。其中，内部治理机制主要是通过分配企业的决策权、执行权和监督权进行，以保证企业在内部权力的制衡下正常运营；外部治理机制主要通过审计师、分析师、各种金融机构以及经理人市场等外部力量来约束和监督企业行为，使其遵守相应的规则和制度。企业内部治理机制主要解决第一类委托代理问题，即利益相关者（或股东）与管理层之间的委托代理问题，内部治理水平越高，董事会等对高管的监督力度越大，高管机会主义的空间越小，隐藏坏消息的能力越小，企业震荡风险越低。但仅靠企业内部治理机制并不能有效解决所有委托代理问题，因为企业中通常还存在着第二类委托代理问题——大股东与中小股东（投资者）间的委托代理问题。由于大股东拥有控制权，可以深度参与企业经营的所有重大决策，因此相较于中小股东具有较强的信息优势，可能会出现大股东侵占小股东利益或者大股东联合高管掏空企业等问题。此外，很多企业存在着内部董事会监督职能虚化、过度听从高管决策导致独立性不足等问题，使得高管与大股东有更多机会合谋隐藏负面信息损害企业利益。此时，外部分析师、审计师、证券机构投资者、新闻媒体等具有较高专业水平的资本市场参与者，为解决第二类委托代理问题，降低股价震荡风险提供了另一条解决途径，而外部治理机制发挥监督作用主要基于信号传递理论。

四、信号传递理论

随着信息不对称理论研究的不断深化，信号传递理论应运而生。Connelly 等（2011）通过构建信号传递时间轴发现了信号传递在信息不对称问题中的积极作用。研究发现，当信号接收者接收到反映信号传递者的特质信号后，会对接收的信息进行识别、观察、分析和理解，然后根据自身对信息的处理和吸收情况作出相应的反馈。

资本市场中充斥着无数的特质信号传递者，比如上市公司、证券分析师、新闻媒体、监管机构等，也存在着无数的信号接收者，比如债权人、投资者、客户、供应商等。资本市场中最常见的特质信号是上市公司的绩效信息、公司治理状况、企业投融资行为、高管薪酬方案以及其他各类正面和负面的消息。投资者会根据企业的特质信号对企业价值进行评估，进而做出投资决策，所以，企业传递的特质信号与股价间密切相关。这意味着企业经营和股价波动方面存在两个问题：

第一，管理者在控制企业经营过程中有隐藏负面信息的动机。由于管理者知晓投资者以及债权人等利益相关者会对特质信号保持高度关注，一旦披露负面信息必然会影响其自身的利益，为了实现自身价值最大化，高管有盈余管理、隐藏负面信息的动机。

第二，监管部门、分析师、新闻媒体等外部治理机制的关注对股价波动起到调节作用。从分析师、监管部门等外部监督者的定位看，他们不仅是信号的接收者，也是信号的传递者。一方面，分析师等外部监督者要基于工作职责长期关注目标企业的特质信息以不断修正目标企业的估值，这要求他们要对特定企业进行长期观察，因此当高管存在损害企业的行为时很容易被发现，在一定程度上实现了有效监督，降低了高管隐藏负面信息的概率，缓解了信息不对称问题和委托代理问题。另一方面，资本市场中分析师的研究报告、监管部门的函件（关注函、问询函、警示函）及相关处罚和公告、新闻媒体的相关报道等是投资者对企业进行基本面分析和投资决策的重要信息参考。信号理论可以有效威慑管理层，减少坏信息隐藏，降低股价震荡风险。

第二节　关于股价震荡风险成因的文献综述

目前，针对股价震荡原因的研究大致可以归纳为"信息隐藏假说"和"羊群效应假说"。这两种观点实际上是信息不对称问题的一体两面，其核心问题是信息不对称，其根源在于公司的信息隐藏以及利益相关者的有限理性，其结果是使信息劣势者从众交易推升股价泡沫，进而吸引更多从众交易者进一步推升泡沫，直至股价泡沫破裂产生震荡。大多数学者认为，公司之所以隐藏坏消息，主要是外部的经济压力和内部失效的公司治理机制；投资者之所以会从众交易，主要是因为无法获得更可靠、更有利于价值判断的信息。因此，学者们从宏观经济环境、行政制度、公司治理、内部控制、会计信息质量等方面探讨了公司股价震荡风险的影响因素及治理机制。

一、宏观经济环境、行政制度与股价震荡风险

(一) 宏观经济环境

Jin 等 (2019) 认为，经济政策不确定性为经理人隐藏坏消息创造了空间，并且会影响投资者异质信念，即经济政策不确定性的提高会加剧企业股价震荡风险，这种关联性在国有企业中更加显著。

梁琪等 (2020) 指出，较高的经济政策不确定性使得企业面临的外部环境不确定性增加，对于管理层而言，即使出现业绩下滑也有借口推诿，因此管理层有足够的动机参与不利于企业发展的决策；经济政策不确定性的增加加剧了企业内外部信息不对称性，提高了对管理者机会主义行为的监督难度，为管理层进行盈余管理、隐藏负面信息提供了操作空间，加剧了企业股价震荡的风险。

Luo 和 Zhang (2020) 发现，经济政策不确定性越高，企业股价震荡风险越高，并且企业的收益率对经济政策不确定性越敏感，经济政策不确定性与股价震荡风险的正效应越显著。

周泽将等 (2021) 认为，经济扩张周期会诱发管理者产生过度自信等心理变化，从而引发过度投资；这个时期投资者对负面信息的敏感度高于正面信息，促使管理层进行盈余管理以及隐藏负面信息，导致会计稳健性和信息透明度下降；经济的扩张带来了良好的融资环境和更低的融资成本，企业负债水平的提高也会加剧代理冲突；这意味着经济扩张周期企业股价震荡风险提高。

鄢翔和耀友福 (2020) 提出，放松利率管制可以促进银行债权的相机治理机制，进而对股价震荡产生抑制作用。放松利率管制，一方面会导致银行间竞争加剧，另一方面带来企业贷款额度增加，这两方面都提高了银行对企业会计信息稳健性的要求，增加了银行对管理层行为的监督意愿。此外，放松利率管制降低了银行获取企业信息的成本，在一定程度上可以缓解信息不对称带来的道德风险问题，也提高了银行对管理层行为的监督能力。以上特征对降低公司股价震荡风险发挥了积极作用。

（二）行政制度与政治关联

褚剑等（2016）认为，中国融资融券制度加剧了企业股价震荡的风险，主要是因为标的选择标准使得入选的标的股票本身潜在风险就很低，卖空机制并不能很好地发挥作用；而融资机制加大了乐观投资者的投资力度，并且存在显著的"加速器"效应，股价上涨加杠杆，股价下跌去杠杆，使企业股价震荡风险大幅增加。

孙刚等（2021）基于产业政策的微观效应角度，研究了"高新技术企业"资质认定对企业股价震荡风险的影响。研究发现，经过"高新技术企业"资质认定的企业，一方面稳步释放了企业特质信息，其盈利操纵空间被压缩，盈利稳定性随之提高；另一方面提升了企业信息透明度，使金融中介对企业盈利能力的预测准确性增加，降低了企业股价震荡风险。

连玉君等（2021）指出，质押新规不仅能妥善化解股权质押的存量风险，而且能严格管控新增股权质押带来的增量风险。另外，质押新规能通过改善公司治理提升股价信息效率，降低股价震荡风险。

楚有为（2021）研究了国家去杠杆政策对公司股价震荡风险的影响，他指出，政策压力下，企业去杠杆可能会降低债务契约治理作用，促进了高管的机会主义行为。此外，去杠杆是循序渐进的过程，为了满足政策要求，管理层可能通过会计政策操作来降低杠杆率，这降低了企业信息透明度，加大了企业股价震荡风险。

江轩宇（2013）认为，政府的税收征管有助于改善公司治理水平，提高管理层避税的成本，可以降低企业股价震荡风险。

李春涛等（2021）认为，税收监管、法律监管等监管制度可以提高企业信息披露质量，降低股价震荡风险。

Kang 等（2021）指出，中国实施新的关键审计事项的审计标准后，机构投资者持股比较高的企业股价震荡的风险下降了，其他企业的股价震荡风险没有明显变化，一方面说明新的审计准则有稳定资本市场的效应，另一方面说明机构投资者在股价震荡风险中积极作用。

史永等（2020）认为，审计报告中增加关键审计事项的披露增加了审计报告的价值相关性和可靠性，缓解了信息不对称性；新准则能降低企业真实盈余管理水平，压缩了管理者机会主义的空间，能显著降低企业股价震荡风险。

汶海等（2020）认为，证监会的随机抽查制度加强了行政审计监管，行政审计监管能够提高会计师事务所的独立性和内核水平，从而提高事务所客户企业财务信息质量缓解信息不对称性，降低企业股价震荡风险。

二、公司治理与股价震荡风险——兼论会计信息质量的中介作用

从公司治理水平角度看，影响企业股价震荡的因素主要涉及董事会及监事会的监督、控股股东的掏空行为、审计服务质量、外部的媒体监督等。

（一）董事会的监督与约束：抑制盈余管理行为，降低股价震荡风险

梁上坤等（2020）认为，公司董事会断裂带的存在加剧了股价震荡的风险，主要是因为断裂带的存在减弱了对管理层隐藏坏消息的监督意愿和监督能力，加剧了管理层的机会主义行为，加剧了股价震荡的风险。但行业竞争可以通过影响公司信息透明度缓解董事会断裂带存在对股价震荡产生的负面效应。

Jebran等（2019）指出，董事间的非正式等级为管理层隐藏坏消息提供了便利，加剧了股价震荡的风险，并且当CEO的权力高于董事会大多数董事时，董事间的非正式等级与股价震荡风险的正效应更强。

胡珺等（2020）认为，非执行董事可以监控管理层隐藏负面信息的行为，从而降低企业股价震荡的风险。此外，管理层的权力越大，股权集中度越高，非执行董事对股价震荡的抑制作用越弱；而分析关注度越低以及没有实施管理层股权激励的企业，这种抑制作用越强。

Hu等（2020）认为，董事会改革改善董事会监督可以提高财务透明度和投资效率，降低委托代理成本，从而降低股价震荡风险。

（二）控股股东的掏空效应：恶化信息不对称，推升股价震荡风险

Zhou等（2021）指出，控股股东股权质押行为与股价震荡风险显著正相关，同一家企业控股股东股权质押后，股价震荡风险高于股权质押前，不同企业控股股东股权质押行为的企业股价震荡风险高于未有股权质押行为的企业。

马新啸等（2021）研究发现，非国有股东治理与国有企业股价震荡存在关系，如果非国有股东仅持股而不发挥实质的治理作用，则不会降低国有企业股价震荡的风险，一旦非国有股东派驻董事监督国有企业高层，则可以缓解委托代理

问题，并且能够提高信息透明度从而降低国有企业股价震荡风险。

唐松莲等（2021）指出，国有股参股可以通过"监督效应"和"资源效应"抑制股价震荡风险，影响抑制作用的主要因素包括派驻董事、国有股权层级、家族成员涉入和经历代际传承。

刘星等（2021）研究发现，家族董事会席位超额控制程度越高控股家族关联交易行为越频繁，企业股价震荡风险越高。

王化成等（2015）指出，随着大股东持股比例的增加，更能发挥"监督效应"和"更少掏空效应"，大股东与小股东的利益更加趋于一致，减少了掏空公司的动机，增加了监督管理层的动机，降低了企业股价震荡的风险。

邹燕等（2020）认为，高比例直接控股股东持股对股价震荡风险表现为"利益协同"效应，可以通过高派现减少管理层可利用现金流，抑制过度投资，也能加强监督减少管理层隐藏"负面信息"的空间，降低股价震荡的风险。

杨松令等（2020）研究发现，市场外部环境不透明、企业内部治理结构不完善使得控股股东股权质押存在同群效应，即同行业（同地区）其他公司的股权质押行为对公司股权质押有显著正向作用，这种同群效应会放大企业决策行为的正面及负面效应，加剧企业股价震荡风险。

邵剑兵等（2020）认为，控股股东为了避免股权质押时控制权转移，会在决策过程中要求公司采取盈余管理等手段实施市值管理，而盈余管理会不可避免地增加信息不透明度，加剧信息不对称性，导致负面消息隐藏和积累，加剧企业股价震荡风险。

王晶晶等（2020）研究发现，私募股权投资持股尤其是外资或者国有背景的私募股权投资能显著降低企业股价震荡风险，主要是因为私募股权投资持股有助于制定有效的激励和监督机制，前者能缓解委托代理问题，后者能提升信息透明度，从而降低企业股价震荡风险。

（三）内部控制与外部审计服务：提升会计信息质量，抑制股价震荡风险

内部控制是一种行之有效的权力制衡手段，也是公司提高信息质量的内在机制，因而对抑制股价震荡风险发挥了积极的作用。当前有关内部控制与股价震荡风险的研究主要包括内部信息披露、内部控制评价、内部控制缺陷以及内部控制质量等。

叶康涛等（2015）认为，内部控制信息披露水平的提高，可以缓解投资者与企业之间的信息不对称性，企业股价能更好地反映企业特质信息，投资者能做出更加合理的投资决策，减少股价泡沫，降低了企业股价震荡风险。

蒋红芸等（2018）指出，内部控制可以提高会计信息质量，缓解委托代理问题，降低应计盈余管理水平，从而降低股价震荡风险。其通过实证检验发现，在信息透明度低、公司治理水平及业绩较差的企业，内部控制质量、内部监督信息披露以及风险评估信息都会影响股价震荡风险。其中，风险评估信息与股价震荡风险呈正相关，而内部控制质量和内部监督信息披露都会抑制企业股价震荡。

徐飞等（2021）从企业内部控制评价的实质出发，指出管理层出于"内部自利诱因"和"外部损失厌恶"会实施选择性内部评价，隐藏或推迟披露负面信息，并且内部控制评价报告会加剧分析师分歧度，这些加剧了企业股价震荡的风险。

宫义飞等（2020）认为，内部控制缺陷会降低会计信息质量和企业信息沟通效率，加剧管理层的非效率投资和盈余管理行为。另外，内部控制本身是一种风险控制活动，内部控制缺陷会加剧企业经营风险和财务风险、提升股价震荡概率，而内部控制整改则可以降低股价震荡风险。

黄政等（2017）指出，高质量的内部控制可以通过提高信息披露质量来减少管理层隐藏坏消息，从本质上降低股价震荡风险；内部控制是一种权力制衡手段，能限制管理层的机会主义行为，降低代理成本，从而抑制股价震荡风险。

傅超等（2020）指出，客户与审计师向下不匹配关系会加剧企业股价震荡风险，因为小型会计师事务所在面对大型企业的业务时，会存在能力不足的问题，难以准确及时地披露和纠正客户企业财务报告的错报或者隐藏信息，加剧了信息不对称性；小型会计师事务所为维系大客户公司的业务容易与其合谋，审计监督作用弱化，导致公司股价存在一定的泡沫，不能反映公司真实的投资价值，加剧了企业股价震荡风险。

严永焕（2021）研究发现，事务所与客户向上不匹配可以提高企业会计信息稳健性，缓解委托代理问题，提高信息透明度减少信息不对称性，抑制股价震荡风险，但事务所与客户向下不匹配对股价震荡风险的影响并不明显。

Yeung 等（2018）研究发现，企业股权结构和审计质量都与股价震荡风险相关联，其中，更高的审计质量往往对应更低的股价震荡风险，并且股权分置改革加强了这种相关性。

Wang 等（2020）认为，企业服务的审计师性别与企业股价震荡风险之间存在相关性，主要是因为审计师性别不同对相同企业的审计判断和信息处理方式也会不一致，从而影响了审计财务报告的质量。其中，女审计师由于风险厌恶和更加注重伦理的特征会提升审计服务质量，从而降低股价震荡风险。

（四）媒体监督等外部公司治理：缓解公司内外信息不对称，抑制股价震荡风险

黄金波等（2022）研究发现，上市公司披露企业社会责任信息可以促使投资者对企业经营进行更好的监督，降低股价震荡风险，而且企业履行社会责任会增加媒体报道，媒体热议会提高企业信息披露水平，企业股价震荡风险随之降低。

Xu 等（2021）指出，由于法律监管制度不完善，企业存在选择性披露环境信息的行为，这种选择性信息披露策略会加剧企业股价震荡风险，在信息效率较低、所处区域市场化程度低的企业中，这种效应尤其显著。

朱孟楠等（2020）认为，互联网信息交互网络加强了对上市公司的监督，降低了管理层掩藏负面信息的动机和操作空间，有利于缓解投资者与企业间的信息不对称性，降低了企业风险累积的可能性，企业股价震荡风险随之降低。

Zhao 等（2020）研究发现，中国股票市场上的企业股价震荡风险与媒体报道存在相关性，其中，传统媒体的新闻报道频率增加是企业未来股价下跌的红色预警，而网络媒体的新闻报道频率与股价震荡风险的相关性并不显著。

韩艳锦等（2021）指出，分析师一般具有较大的资本市场影响力，故当企业获得更多分析师的关注时会增加管理者的经营压力，当企业业绩无法达到市场预期时，管理者更有动机进行盈余管理，甚至隐藏负面信息，加剧了企业股价震荡风险。

（五）机构投资者："抑制"或"加剧"股价震荡风险的双重效应

机构投资者作为公司外部治理的关键一环，不仅在资本市场中占据非常重要的地位，同时可能对企业股价震荡风险产生影响。

Cheng 等（2020）发现，当企业的机构投资者注意力被其他事件分散时，会

降低对相关企业的监督水平，对企业的经营和财务状况敏感度也会降低，这给了管理层盈余管理的空间，也给了管理层隐藏和囤积负面消息的空间，从而加剧了股价震荡的风险。

董纪昌等（2020）指出，机构投资者持股对企业股价震荡的影响存在"抑制"和"加剧"两条渠道。其中，"抑制"渠道主要手段是加强监督，提高信息透明度，减少管理层机会主义行为，降低股价震荡风险；"加剧"渠道则源于第二类代理冲突，机构投资者存在与管理者合谋掏空中小股东利益的动机和能力，增加股价震荡风险。另外，市场效率和市场化程度越高"抑制"效应越显著，反之，"加剧"渠道越显著，企业股价震荡风险越高。

关于机构投资者异质性与企业股价震荡风险的实证研究，由于机构投资者异质性所选用的代理变量不同，所得到的结论也有很大差距。

Wang 等（2020）研究发现，机构投资者参观企业的频率会极大地影响管理层机会主义行为，当机构投资者的参观频率较低时，管理层的机会主义空间增加，股价震荡风险提高。反之，当机构投资者的参观频率较高时，其对管理层的监督也相应增强，减少了管理层机会主义行为，从而降低股价震荡风险。

孙翔宇等（2019）以过去 1 年的换手率为标准将机构投资者划分为长期和短期投资者，采用 2009~2016 年 A 股上市公司数据考察机构投资者异质性对股价震荡的影响，实证结果表明，无论是长期还是短期机构投资者持股，都会加剧企业股价震荡风险。

杨棉之等（2020）根据行业特征和持股时间建立了区分稳定型机构投资者和交易型机构投资者的指标，认为交易型机构投资者出于其短期获利的目的频繁交易会加剧企业股价震荡风险；稳定型机构投资者则会积极参与公司治理，改善公司治理环境，加强监督管理层的机会主义行为，降低企业股价震荡风险。他们发现，除了机构投资者持股，投资者情绪也会影响企业股价波动。

夏常源等（2020）进一步研究了保险资金持股与股价震荡的相关关系，研究发现，保险资金持股具有"加速器"效应，持股比例越大，企业股价震荡风险越高。这主要是因为保险资金具有规模优势，保险机构一旦出于"逐利"目的频繁炒作易激化市场投资者乐观情绪，进而导致企业股价被高估，崩盘风险随之提高。

三、企业并购、投资等行为与股价震荡风险

邓鸣茂等（2019）提出，企业高溢价并购行为是影响企业股价震荡的重要因素。其中，主要的原因之一是企业并购过程中支付的高溢价并不能提高企业的收益产生超额利润，而是管理层进行"伪市值管理"，通过高溢价并购提高股价趁机减持从而加剧了企业股价震荡风险。

黄顺武等（2021）认为，商誉减值一般意味着并购时公司为此支付了较大的并购溢价，这必然会影响公司的业绩，导致经营状况恶化，而管理层为了维护自身的利益不受损失，很可能会隐藏坏消息，导致负面信息的积累，加剧股价震荡风险。

叶显等（2020）指出，企业的金融资产配置会显著影响股价震荡风险，这种效应的程度和性质取决于企业金融资产配置的结构。短期金融资产可以在短期内获利，但会导致企业在短期面临更大的"瞬时"风险敞口，抗风险能力下降。另外，大量短期金融资产投资会影响企业主营业务能力，当短期金融资产投资的回报未能实现预期而主营业务又遭受重挫时，企业股价将受到冲击。长期金融资产恰恰相反，具有"资金平滑"作用，并且可以分散主营业务风险，起到稳定股价的作用。

司登奎等（2021）认为，企业掩盖不良信息的动机是股价震荡的根源，企业出于短期收益的目的从事影子银行业务会放大企业波动率导致信息质量恶化，总盈利能力下降，主营业务能力下降后管理层则会进行捂盘，掩盖负面信息，从而加剧了企业股价震荡风险。

马勇等（2019）指出，影子银行具有高风险和收益不确定的特质，前者增加了管理层盈余管理的动机，后者弱化了外部市场对企业管理层机会主义行为的监督，增加了企业内外部信息不对称程度，即上市公司参与影子银行业务会加剧企业股价震荡风险。

Habib 等（2020）研究发现，当管理层能力较强时，会出现投资效率低下的现象，这是因为与能力一般的同行相比，能力较强的管理者会有过度投资的倾向，过度投资一方面影响企业绩效，另一方面加剧了管理层隐藏坏消息的动机，从而推升了股价震荡风险。

姚禄仕等（2021）认为，企业过度投资引发其过度的负债从而增加企业财务风险，而管理层出于私利对产生的财务风险信息披露不完全甚至完全不披露，导致股价震荡风险增加。

张玉英等（2021）认为，企业过度投资会加剧企业股价震荡风险，而紧缩的货币政策可以抑制过度投资对股价震荡的正效应。一方面，紧缩的货币政策会导致市场上的资金流动性降低，相对于股票而言，投资者更愿意配置其他风险较低的投资标的，企业股价震荡风险随之下降；另一方面，当货币政策紧缩时，企业的融资规模和方式都会受到限制。为了获得融资，企业需要提高内部治理水平和会计稳健性，这将缓解委托代理问题和信息不对称性，从而降低企业股价震荡的风险。

江轩宇等（2015）研究发现，企业过度投资会恶化企业股价震荡风险的效应，且具有长期性，而导致这种效应的核心是股东与经理人之间的代理冲突。经理人出于私人利益会继续进行过度投资项目，而由于代理冲突的存在，过度投资产生的负面信息并不会被及时披露，加剧了企业股价震荡的风险。

周璐等（2020）认为，研发投入对企业而言具有唯一性，但经济效应却具有不确定性，导致研发投入成为企业盈余管理的工具，加剧了信息不对称性；同时，由于研发投入作为企业创新活动的标志之一，会获得更多分析师的关注，而分析师本身的特征易产生盲目乐观倾向，使得企业股价高估，由此加剧了企业股价震荡的风险。

第三节　关于股票风险溢价与股价震荡风险的文献综述

金融学的一个重要挑战是将预期超额资产收益和金融市场风险的度量联系起来。金融危机的显著特征是市场风险溢价的急剧上升，而股价震荡往往意味着崩盘前期股票风险溢价的快速积累，因此探寻股价震荡的原因和治理方式时，首先应厘清股票风险溢价的生成方式和积累过程。风险溢价是金融经济学的核心概念，指投资者对报酬与风险正相关的收益权衡，是对自身所承担投资风险的补偿。风险溢价的概念存在于不同市场，例如债券风险溢价、保险市场风险溢价等，但由于股票市场在证券交易中的重要地位，风险溢价一般指股票风险溢价。股票风险溢价的相关研究随着近年来金融市场的成熟不断趋于完善，对近年来的发展成果进行文献梳理有助于了解投资者对市场风险的预期水平及投资行为，系统地厘清股票市场风险作用机制，加强宏微观政策风险管理能力，对于防范化解金融市场风险具有重要现实意义。

一、股票风险溢价的测度方法

股票风险溢价是附加在风险上的价格，相关成果能用作评估资产定价模型、决策股票与债券之间的资产分配、确定投资的资本成本等，其建模是现代金融理论的重心，不同的测算方法对结果产生的影响不可忽视。目前，主流的股票风险溢价测算方法有以下三种：

（一）直接调查投资者

股票风险溢价反映投资者对风险投资所要求的平均溢价，调查投资者或管理者，能够直接了解其对未来市场风险溢价的预期，得到风险投资行为的溢价成本。如果投资者认为当下的股票市场处于估值过高的泡沫中，则会认为现有股价的股票风险溢价低于其应有水平；相反，如果投资者认为当下的股价总体偏低，则认为市场上的股票风险溢价高于应得的溢价水平。

Robert Shiller（1987）最早提出了投资者情绪连续指数，并持续进行更新，虽然不是股权溢价的直接衡量标准，但反映了投资者对近期股价走势的总体判断。

Welch（2000）于1997年开展了对226位金融经济学家的问卷调查，报告了每年6%~7%的中长期平均股权风险预测，受访者认为应在股市上涨时下调预期。

美国证券协会（SIA）将调查对象设置为股票预期回报率和收益率，以便提取和计算股票风险溢价，在2004年对1500名美国投资者的调查中发现12.8%的预期回报，相较当时的国债利率呈现8.3%的风险溢价。

Merrill Lynch公司则展开了面向全球机构投资者有关股票风险溢价的问卷调

查，并处于持续更新状态。该问卷调查的受访者背景来源较为广泛和丰富，其受访结果具备一定的可信性和可行性，但即便如此，也很少有研究会实际采用这些结果进行计算，主要原因在于：①调查得到的风险溢价是对近期股价波动的反映，具有时效性，且调查活动本身需要耗费大量的时间与资源，很可能数据收集完成后，数据已经过时了；②问题的设置具有主观性，可能会引导调查结果的走向；③难以找到能够最大程度反映总体市场的投资者子集。

Damodaran（2019）认为，直接调查法能够为股权溢价相关研究提供有价值的参考，对预测未来风险溢价的作用有限。

（二）事后风险溢价

事前风险溢价与事后风险溢价往往在提及时作为对比出现。国际将股票风险溢价主要分为两类：一是基于历史的，即事后或已实现的风险溢价；二是面向未来的，即事前或预期的风险溢价。历史法的研究起步较早，开始于20世纪60年代，该方法通过观察历史的实际数据计算风险溢价。面向未来的风险溢价是投资者要求风险补偿的前瞻性溢价，基本通过贴现现金流法进行预测，包括单阶段和多阶段方法。事前风险溢价和事后风险溢价有着不同的基本概念和现实，混淆这两者会产生一些困惑（Fernandez，2009）。在经济繁荣时期，股价往往高于其内在价值，股权成本因此较低，此时的事前风险溢价很低，而事后风险溢价则很高；在经济衰退或危机期间，事前风险溢价往往更高，普遍观点将其归因于投资者在经济不景气时要求更高的收益。

陈浪南等（2002）认为，对于投资者来说，哪种风险溢价更有参考价值取决于投资周期，在较长的投资周期中，历史风险溢价与真实风险溢价更为接近。动量交易者更愿意以股票的历史价格为主要信息依据，而消息观察者则以公司红利为主，历史价格为辅。实际上，即便使用相同的历史数据也可能导致差异较大的测算结果，原因主要包括：①估计的时间跨度不同；②无风险利率的选取不同；③平均收益率的时变处理方式不同。

Fama和French（2002）面对复杂多变的美国红利市场，提出以收益增长率替代红利增长率，是对历史法作出的深化。Ibbotson和Chen（2003）提出，将事后风险溢价分解为股息与股票购买的收益回报、通货膨胀率、实际收益增长率和股价收益比率（PE）共四个组成部分，认为前三个是由"经济中企业的生产力"

产生的可持续要素，由此引出"供给侧"股票风险溢价的概念。

Dimson 等（2008）表示，可将股权溢价分解为五个部分，即平均股息收益率、实际股息的年化增长率、年化增长率超过 PE 的部分、实际汇率的年化变化和实际无风险利率。尽管对事后风险溢价的分解能提高其解释能力，但都没有消除这一方法的根本问题：一方面，它假设投资者的风险溢价与平均风险投资行为在测算期间保持不变；另一方面，事后风险溢价是历史的，受到较大噪声影响，该影响在较短的样本期中无法被忽视。但不可否认的是，在复杂多变的现实因素下，实践中仍常用平均历史实际超额收益来预测风险溢价。也许是缺乏更好的方法，不少事前风险溢价指标仍然将某种形式的事后风险溢价作为输入，从而计算事前风险预测的估计值，正如 Damodaran（2019）认为，事后风险溢价是预期未来风险溢价的最好估计参考。

（三）事前风险溢价

一些学者在意识到事后风险溢价始终存在面向历史的问题后，更开始转向研究事前风险溢价，即前瞻性风险溢价。Merton（1980）指出，历史风险溢价无法解释市场风险变化影响。Duan 和 Zhang（2014）认为，风险溢价是一个前瞻性概念，应从本质上解释持有资产的不确定回报，因此对 Fama 和 French（2002）所用测算方法的稳定性存在疑问。Rozeff（1984）认为，如果将稳定增长股贴现模型作为基础模型，并将长期无风险利率股息假设为预期增长率，那么股息收益率将成为衡量股票风险溢价的重要指标。Fama 和 French（1988）通过股息收益率来预测股权溢价，后续的许多研究也效仿这一做法。Cochrane（1997）研究表明，股息率能够预测长期股息增长或股票回报，但 Goetzmann 和 Jorion（1993）采用 Bootstrap 评估方法指出，Fama 和 French（1988）的系数估计存在向上的偏差。Goyal 和 Welch（2003）采用递归残差图形评估方法发现，股息率对股权溢价预测作用的证据始终脆弱。

Claus 和 Thomas（2001）通过预测未来的账面股权和净收入求解股权成本，从而获取事前股票风险溢价，但 Easton（2009）总结了这一方法存在的局限性，认为账面价值数字存在一定的不可靠性，以及分析人士可能对收入增长抱有乐观估计。Bollerslev 等（2009）认为，股票价格的隐含方差和实际方差之间的差推动股权回报预测，而不是隐含波动率本身，并发现这一关系在短期内较强，而在长期中较弱。Binsbergen 等（2012）考虑了股票风险溢价的期限结构，发现股票风险溢价在短期表现高于长期。在此基础上，Schulz（2016）提出了有关股票风险溢价的无条件固定期限结构的证据。Bansal（2021）通过贝叶斯方法估计了股权期限结构的制度转换模型，发现股权溢价的期限结构在经济扩张时向上倾斜，在市场衰退时向下倾斜，并且股权风险的无条件期限结构是向上倾斜的。事前风险溢价的优势在于：一方面，其测算并不依靠历史数据，是由市场驱动的、面向未来的；另一方面，理论上可用于任何市场的测算。但事前风险溢价的测算结果受到模型构建合理性与输入可用性等诸多约束，在实际运用时存在较大限制。

不同的测度方法在很多时候会产生不同的测算结果。Duan 和 Zhang（2014）、Damodaran（2019）认为：①在股价保持一定时期的正向或负向运动时，事后风险溢价会同向变动以反映历史收益，而事前风险溢价会反向变动，因为高（低）股价通常转化为低（高）的风险溢价；②直接调查法更多地反映了历史数据，股价上涨时，投资者倾向于对预期回报更乐观，这种对信息反应过度的表现会导致调查法得到的股权溢价高于事前与事后风险溢价，在经济萧条期则相反；③当市场的基本面发生变化时，无论是因为经济动荡因素，还是投资者风险偏好变化，事后风险溢价受到的影响较小，而事前风险溢价受到影响较大，市场冲击会使得两者差距拉大。由此一来，测算结果的差距就不足为奇了。没有一种风险溢价能够适用于所有分析，在实际测算中具体选择哪一种方法的结果，受到研究相关的预测能力、市场信念、分析目的等因素的影响。

二、股票风险溢价与股价震荡风险

金融危机的显著特征是风险溢价的急剧上升，随着全球金融安全意识的逐渐提高，股权风险溢价相关研究不断发展，成果非常丰富，例如，在古典理论基础上纳入非理性因素、考虑市场摩擦、从行为金融学出发等，考察股票风险溢价对金融市场稳定带来的影响。

（一）股价震荡与股票风险溢价——灾难风险预测模型

近年来，灾难风险（金融崩盘风险）模型研究成为股权溢价相关研究的热点视角，也是资产定价理论和宏观经济分析的热门领域。在原有灾难研究的基础上，Wachter（2013）在模型中纳入 EZ 偏好，发现时变灾难对于股票波动率之谜有更好的解释作用，说明了灾难时变产生的波动性与可预测性。He 等（2013）对市场危机时期股票风险溢价的动态变化进行建模，发现风险溢价在股权融资约束时提高，通过模拟不同股权溢价水平下市场从灾难状态恢复的过程，提出政府在危机期间能够通过向中间机构注入资本来稳定市场。Tsai 和 Wachter（2015）认为，灾难风险为理解股权溢价之谜等资产定价谜题提供了合适框架，并从投资者面对不确定性的决策心理解释了股票风险溢价之谜与时变风险溢价。Marfè 和 Pénasse（2017）通过宏观数据估计灾难风险，发现灾难风险具有波动性和持续性，密切影响着与股息率和股票收益率，因为投资者对灾难的恐惧影响着股权溢价的波动。周翔翼等（2015）使用近代和现代数据检验我国是否存在"股权溢价之谜"，从全国战争和恶性通货膨胀为表现的社会动荡角度指出，我国近代风险规避程度和股权溢价大幅增加的原因在于，社会动荡下激增的投资者股票投资的"背景风险"。赵向琴和袁靖（2016）首次从罕见灾难风险的角度分析我国股权溢价之谜，认为罕见灾难主要通过影响实体经济和投资者预期两个方面，引致高水平的股权溢价。

经济学家们认为灾难解释能力的经济含义在于，灾难的非正态厚尾分布和投资者的预防性储蓄。金春雨和张浩博（2017）认为，虽然灾难模型研究对于部分股权溢价现象具有较好的解释力，但缺乏稳定性。学界目前对于此类研究的步伐并未停止，因为相关结果反映了对系统性宏观风险的关注，能够与市场摩擦、行为金融学等因素进行结合，为解释股权溢价提供了更丰富的视角。

（二）信息摩擦、市场流动性与股价震荡风险

市场摩擦反映了资产在投资交易活动中的成本与阻碍。从信息摩擦角度，Lang 和 Maffett（2011）认为，信息环境在危机时期很重要，信息透明度降低了企业内在价值的不确定性，透明度越高的公司流动性变化越小。Lau 等（2012）考察了信息披露对股权溢价的实证影响，发现风险溢价的变化与信息环境及其配套的监管措施密切相关，即信息环境较好的国家风险溢价波动性也较低。Leuz 和 Wysocki（2015）认为，由于资产回报中存在不可分散的信息风险因素，信息披露与估算风险产生的资本成本之间存在直接联系。陈国进等（2019）探究了知情交易对风险溢价的解释能力，发现该变量能够替代且优于信息不确定性因素，主要通过提高买卖价差加剧市场流动性风险。

从流动性溢价角度，Bekaert 等（2007）探究了新兴市场中流动性对预期收益率的影响，发现市场流动性是股票收益率波动的重要驱动因素。Duan 和 Zhang（2014）研究发现，市场流动性不足与事前风险溢价有着正向关联，表明事前风险溢价包含流动性不足的风险溢价成分。Allaudeen 等（2010）研究表明，股价涨跌时期的流动性溢价呈现非对称效应，金春雨和张浩博（2017）由此对我国股市进行实证检验，发现流动性溢价在股价小幅上涨与下跌时期的表现具有一致性，均高于股价快速上涨时期。董晨昱等（2018）从中美股市的最大日收益率效应出发进行研究，结果表明，在中国股市中，流动性冲击对这一效应有更好的解释作用，而在美国股市中，由于投资者情绪与流动性冲击带来的股票的月收益率逆转效应是成因，在一定程度上反映了流动性冲击对市场风险异象的影响。

第四节　股价震荡风险预警模型综述

如何对风险进行预警一直是学术界与理论界关注的热点话题，不同领域的学者做了大量的尝试，分别从宏观层面（包括货币危机、银行业系统性风险、股票/期货/期权市场风险等）和微观层面（企业财务风险、破产风险、并购风险等）探索了影响风险的潜在因素，并构建了相应的预警模型。经过多年的积累与沉淀，风险预警模型也从单变量辨别指标，逐渐演变为多变量的综合评价指标，再进一步演进为 Logistic/ARCH/GARCH 回归模型。随着学科交叉融合的不断深入，原本应用于医学、气象学等理工类专业的机器学习模型被大量引入经济管理研究领域。近年来，在人工智能飞速发展的助力下，学术界更是将基于神经网络的机器学习模型应用于风险预警的研究，并取得了一定的成果。不过，由于上市公司股价震荡的影响因素极具复杂性，对该类风险的预警研究尚处在起步阶段。为了探索更优质的风险预警模型，本节对各类风险预警模型及其适应性进行梳理。

一、单变量风险预警模型

最初对风险的预警是从可观察到的破产、震荡以及大范围巨额违约等恶性事件总结和凝练出来的最具代表性的指标变量，根据预警风险标的不同，选择的指标也存在差异。Kleinert 等（2007）将包含诸多正收益与负收益的玻尔兹曼统计定义为市场温度，研究发现，当股市崩盘将要发生时，市场温度会有所上升，因此市场温度可以作为判别股市状况的有效信号。Wu 等（2015）通过将 GARCH 模型与多变量 Skew-Student 密度相结合优化了早期的股价震荡预警系统。此外，波动率指数（SVIX）可以作为股票溢价的表征指标，通过方差变换，能够准确地衡量股价震荡概率（Martin，2017）。Tsuji（2003）比较了修正市场深度（Calculated Market Depth）、EGARCH 和隐含波动率指标的预测精度，结果显示，修正市场深度能更准确预测股市崩盘。Fitzpatrick（1932）通过对比破产企业与持续经营企业的财务指标发现，净利润/股东权益、股东权益/固定资产和股东权益/负债等指标在预测企业财务风险方面有较强的预警能力。Beaver（1966）在 Fitzpatrick 研究的基础上，进一步扩大了样本研究范围并对比分析了更多财务指标，发现不仅反映收益的指标可以预警财务风险，反映企业现金流的财务指标，如现金流量/总负债、营运资金/总资产、（防御性资产-流动负债）/经营性现金支出等财务指标也可以更好预警企业财务风险。

由于单变量风险预警模型简便易懂、可操作性强，直至今天仍在诸多领域发挥作用。1991 年欧洲共同体签订的《马斯特里赫特条约》指出可以依据资产负债率警示债券风险，随后多个国家均以该条约约定的"资产负债率小于等于60%"为基准，同时考虑本国国情制定合适的警戒参考值。类似地，我国为控制房地产行业的金融风险，对房地产公司的净负债率、剔除预收款的资产负债率以及现金短债比设置了三道预警红线。各房地产公司根据"三条红线"的触线情况执行不同的借债标准，这对控制我国房地产市场泡沫进一步膨胀发挥了积极作用。不过，单变量风险预警模型也存在较强的局限性，一旦被确定为风险辨别指标易被操控，从而失去预警功能。因此，单个财务指标大多作为辅助性的价值参考，实务界和学术界已经极少使用单变量模型作为核心的风险预警模型，转而采用多变量指标体系、逻辑模型以及人工智能模型等更复杂和科学的方式进行预警。

二、多变量体系预警模型

由于市场的实时变化和交易的不断复杂，单变量模型的预警能力不断受到质疑，其预测的结果也不够稳定，因此，实务界和理论界尝试从更多角度出发，尽可能全面地考虑各类影响因素，采用加权汇总或者主成分分析的方式构建多变量体系的预警模型。学者们首先想到的是综合采用多个财务指标分别从偿债能力、盈利能力、周转能力、营运能力等方面构建多变量财务预警体系，比如：Mai 等（2019）选用流动资产/流动负债、应付账款/销售收入、息税前利润/销售收入等 36 个财务比率指标建立财务危机预警指标评价体系；Ben（2017）则选取折旧/有形固定资产、营业资产/短期债务，负债净额/股东权益等 33 个指标构建财务危机预警模型；杨淑娥和徐伟刚（2003）在上述财务指标的基础上，又进一步添加了现金流量指标，并运用主成分分析法构建财务预警指标评价体系。随着研究的深入，学者们尝试将多个变量综合归纳或者演绎，不断创建新模型或者完善和改进旧模型，以方便对目标企业（或者组织）进行直观的比较和预警，目前经管研究领域中较为常用的多变量体系预警模型包括 Zata 模型（也称为 Z 值模型）、KMV 模型、F 值模型等。

1. Zata 模型（Z 值模型）

最早提出 Zata 预警模型的是美国学者 Edward I. Altman，他选取了美国 1946~1965 年 66 家样本公司，对比分析了破产公司与持续经营公司 22 项财务指标的区别，并将 22 项财务指标按照流动性、收益率、稳定性、支付能力、活动比例分成五条标准，并赋予不同的权重，最终构造成 Zata 模型用于预测公司的破产风险。Altman 发现，当标的公司的 Z 值低于 1.8 时，公司通常存在着较严重的财务危机，破产概率较高。不过 Z 值模型的预测效果会随着时间的拉长迅速降低：预测公司未来 1 年内破产的准确率高达 95%，2 年内为 83%，3 年及以上则迅速下降至 48%。因此在构建 Z 值模型进行预测时，大多只考察最近 1 年或者 2 年的预测数据。向德伟（2002）在 Altman 的基础上选取来自我国沪、深两市的 80 家上市公司对 Z 值模型进行了实践应用，发现该模型对预测企业经营风险有较强的指导作用。自进入 20 世纪 90 年代以来，Z 值模型由于其较高的辨别度在世界范围内被广泛商业化，德国、英国、日本、加拿大等诸多国家的金融机构都根植于本国国情开发了各自的 Z 值模型，应用于企业各类风险的度量、评级以及风险预警。张玲和曾维火（2004）计算了我国 1998~2001 年上市公司的 Z 值，并将其与上市公司的信用评级进行了关联分析，发现两者存在较强的相关性，其变动趋势几乎一致，因此，用 Z 值来预测和度量上市公司的信用风险有较高的可信度。马改云和孙仕明（2009）以 Z 值测度短期融资券的违约风险，并尝试从违约风险和流动性风险的角度分析短期融资券发行利差的风险结构，发现影响融资券发行利差的最主要因素是违约风险而非流动性风险。覃邑龙和梁晓钟（2014）以 Z 值和 KMV 模型计算的违约距离衡量银行的违约风险，发现银行的违约风险可能会引发金融业的系统性风险，因此，以 Z 值和 KMV 值作为宏观监管的预警指标有重要的指导意义。高波等（2019）发现，用 Z 值模型度量商业银行风险与用不良贷款率衡量商业风险其效果接近，具有较强的可信度。

2. KMV 模型

KMV 模型是基于经典的 Merton 期权定价理论，兼顾公司财务数据和市场价格的风险预测模型。它与以往的单变量预测模型和 Z 值模型相比，有如下特点：第一，KMV 模型将股权看成是公司资产的看涨期权，克服了以往模型只关注公司内生的财务数据，鲜少关注宏观外生数据的缺陷；第二，KMV 模型可以捕捉股票市场上的实时价格数据，可以动态地反映市场预期和公司风险变化趋势；第三，KMV 模型不要求有效市场假设，即使在新兴市场也有较好的预测效果（马若微，2006）。McQuown（1993）、Kurbat 和 Korablev（2002）、Crosbie 和 Bohn（2003）等通过美国上千家公司样本的验证发现，KMV 模型在预测公司未来发展趋势方面具有较强的优势，可以灵敏地监测到公司信用质量的变化。2004年，KMV 模型被《巴塞尔新资本协议》推荐用来进行信用风险的内部评级。至此，KMV 模型已经得到了国外的广泛认可和使用。我国对 KMV 模型的研究刚刚起步，有限的文献也大多集中在 KMV 的适用性研究。

陈晓红等（2008）以我国中小上市公司为研究对象，对 KMV 模型进行参数调整和变量改进，并以此评估和预测中小上市公司的信用状况，发现经过参数调整的 KMV 模型具有较好的预警能力，且公司的规模对信用风险有显著影响。付刚（2010）运用因子分析法将 KMV 违约距离与企业的盈利能力、偿债能力、现金流量、经营能力和增值率等指标相融合共同构建预警模型，发现该模型在纳入 KMV 违约距离后，其预警能力有了大幅提升。许屹（2017）以我国 2011～2014年所有发生信用评级被调降且原主体信用评级在 AA+到 AA-之间的上市公司数据为样本，考察了信用债券发行主体的信用评级变动方向与 KMV 违约距离的适配性。发现国内信息评级存在着一定的滞后性，而经过修正的 KMV 模型则具有较强的风险变化捕捉能力和敏感性。王向荣和周静宜（2018）以 2015~2017 年中国平安、中国人寿、中国太保、新华保险四家公司的财务数据为例，对比分析了 Z 值模型和 KMV 模型在信用风险度量的适用性，发现保险行业的信用风险识别中，KMV 模型的精度要高于 Z 值模型，而且其对未来风险的预测能力也优于 Z 值模型。不过，模型的预测效果与其所处的行业、年份以及所预测的标的有较强相关性。覃邑龙和梁晓钟（2014）认为，在衡量银行的违约风险方面，Z 值模型比 KMV 模型有更高的精确度。

同时，不少学者将 KMV 模型的应用范围从上市公司的信用风险拓展至地方政府债务风险、财务危机预警等方面。夏诗园（2019）以我国 1998~2016 年全国 30 个省、市、自治区地方政府债务数据为研究对象，基于 KMV 分析框架，同时考虑在经济新常态下财政收入结构的变化，对我国省级行政区域 2019 年的债务违约风险进行了评估，认为尽管近年来地方政府债务规模有所上升，但总体债务风险仍处于可控范围内。王莉（2017）尝试利用修正违约距离的 KMV 模型解释不同违约利率对公司财务危机规模的影响，由于不同的违约利率映射了公司不同的偿债能力，因此，其发生财务危机的违约节点也存在显著不同。

三、基于统计方法的风险预警模型

（一）回归模型

利用回归方程构建风险预警模型不仅有丰富的理论基础，而且随着实践创新的不断深入更是迭代出了更多模型可供选择。目前应用较为广泛的回归模型有 LPM 模型、Logistic 模型、Probit 模型等。

1. 线性概率模型（LPM）

线性概率模型（Linear Probability Models，LPM）是以各类可能引起主体风险的财务指标、公司治理指标、宏观经济指标等作为解释变量，预测主体发生危机的可能性。具体而言，假定公司状态有两种情况，即发生危机（$Y=1$）和正常经营（$Y=0$），根据已有研究选择适合的解释变量构建 LPM 模型如下：

$$y_i = \alpha + \sum_{i=1}^{n} \beta_{ij} X_{ij} + \varepsilon_i \tag{2.1}$$

模型(2.1)有两个隐含假设，其一是自变量 $\sum X$ 服从多元正态分布，其二是假定 $E(y_i \mid x_{i1} \cdots x_{in}) = \alpha + \beta_{i1}x_{i1} + \beta_{i2}x_{i2} + \cdots + \beta_{in}x_{in} = p_i$，且 p 的取值范围在 $0 \sim 1$（p 为企业发生危机的概率）。然后，根据风险辨别对象，设定识别概率（以 0.5 作为识别标准），将模型(2.1)估计出来的 p_i 与识别概率做比较，用以预警主体是否发生危机。

2. Logistic 模型

Logistic 模型适用于被解释变量为 0 或 1 的二元变量的情形，它通过函数的对数分布来测算危机发生的概率。通过对因变量进行 Logit 变换将曲线模型转化为 "$\hat{y} = \alpha + \sum\limits_{j=1}^{n} \beta_{ij}X_{ij}$" 这样的线性模型。假设公司发生危机的概率为 p_i，则 Logistic 模型表述为：

$$Logit(p_i) = \ln[p_i/(1 - p_i)] = \hat{y} = \alpha + \sum_{j=1}^{n} \beta_{ij}X_{ij} + \varepsilon_i \qquad (2.2)$$

虽然模型(2.2)中 p 的取值为 $[0, 1]$，但是经过 Logit 转换后，$\ln[p_i/(1 - p_i)]$ 的取值在 $(-\infty, \infty)$，符合了线性模型中被解释变量的取值条件。通过模型(2.2)估计出的 $\hat{\alpha} + \sum\limits_{i=1}^{n} \hat{\beta}_{ij}X_{ij}$ 可以反推企业发生危机的概率为：

$$P_i = \frac{\exp\left(\alpha + \sum\limits_{j=1}^{n} \beta_{ij}X_{ij}\right)}{1 + \exp\left(\alpha + \sum\limits_{j=1}^{n} \beta_{ij}X_{ij}\right)} \qquad (2.3)$$

与前文的 LPM 模型一样，模型（2.3）计算出被预测主体发生危机的概率后，将其与设定的临界值（风险识别标准）进行对比，以判断是否会发生危机。熊熊等（2011）以 1998 年 5 月至 9 月 "香港保卫战" 和 2002 年国际投行操纵案作为危机发生样本，同时选取 1998 年 1 月至 5 月和 2002 年 1 月至 4 月的非操控时段为正常样本，通过考察一定时期内股指期货市场的波动性以及流动性指标构建 Logistic 模型预测股指期货是否被操纵的概率。研究表明，Logistic 模型在预警股指期货方面有较好的适应性。潘泽清（2018）以我国 2016 年和 2017 年发生债券违约的非金融企业作为债务违约样本，并采用一对一配对法选择正常公司，运用 Logistic 预警模型监测了 2011~2016 年非金融公司的违约风险，模型具有良好的预测能力，同时发现，总资产增长率、资产负债率等财务指标导致企业的债务违约概率不断提高，去杠杆的实践中应综合平衡各个方面的因素。因此，Logistic 预警模型不仅可以实现预警，还可以通过分析不同因素对事件发生概率的影响作出相应的改进措施。

3. Probit 模型

Probit 模型与 Logistic 模型类似，都是用于解决二元变量的定性回归模型问题。与 Logistic 模型不同的是，Probit 模型要求数据服从正态分布，并且两个模型在进行线性转换时采用了不同的分布函数，对于同样的线性回归：$\hat{y} = \alpha + \sum_{j=1}^{n} \beta_{ij} X_{ij}$，为确保 y 的取值在 0 和 1，同时规定危机发生的概率模型为非递减函数。则 Probit 分布函数为：

$$P = F(y) = \int_{-\infty}^{y} \frac{1}{\sqrt{2\pi}} e^{\frac{x^2}{2}} dx \tag{2.4}$$

与前文两个模型类似，在计算被预测主体发生危机的概率后，将其与设定的临界值进行对比，以判断是否会发生危机。

4. 生存分析模型

随着研究的深入，越来越多的学者意识到企业或者其他主体发生危机其实是一个风险逐渐积累的动态过程，而前文的 LPM、Logistic、Probit 模型都是静态模型，未能考虑时间因素对危机发生的影响，因此其预警效果很可能出现偏差。而广泛应用于在生物学、医学等领域的生存分析模型（Survival Analysis）完美地解决了这个问题，它着重考察被研究主体在经过特定时间后发生危机事件的概率。

首先定义 $f(t)$ 为 t 时期主体发生危机的概率密度函数，$h(t)$ 为风险函数，则生存函数 $S(t)$ 表述为：$S(t) = f(t+1) + f(t+2) + f(t+3) + \cdots f(t+n)$

相应地，离散风险函数 $h(t)$ 为：

$$h(t) = \frac{f(t)}{S(t)} = \frac{f(t)}{f(t+1) + f(t+2) + f(t+3) + \cdots f(t+n)} \tag{2.5}$$

进一步，离散风险函数的累积概率密度函数为：$H(t) = \sum_{i=1}^{t} h(t)$

当 $h(t)$ 趋近于 0 时，生存函数 $S(t)$ 可以表示为：

$$S(t) = e^{-H(t)} = e^{\ln \prod_{i=1}^{t} [1-h(t)]} = \ln \prod_{i=1}^{t} [1 - h(t)] \tag{2.6}$$

$1-S$（t）即为离散时间风险模型估计的财务失败概率。

（二）神经网络模型

神经网络模型是人工智能领域中的一个基础概念，被广泛应用于各个领域。随着学科交叉融合的逐步深入，学术界更是将基于神经网络的机器学习模型不断更新迭代，应用于风险预警的研究，并取得了一定的成果。Dodom 和 Sharda（1990）首次将 BP 神经网络模型应用于企业财务困境预警研究；Tam 和 Kiang（1992）将三层神经网络模型应用到财务风险判别；Fix 和 Hodeges（1951）首次将 K—近邻算法应用在财务风险预警；Ward 和 Felix（2017）运用多个分类树组合预测企业财务危机；申李莹和任广乾（2017）在支持向量机模型中融入了公司治理因素，用以预警公司的财务危机。类似地，Liao（2016）将神经网络模型应用于股价震荡的概率预测，他利用历史股票数据训练、优化模型对上市公司的崩盘可能性进行预测，结果显示，神经网络模型的预警效果良好、预测精度较高。李庆航（2019）将深度学习方法中深度全连接神经网络（DNN）、长短期记忆网络（LSTM）引入股价震荡预测体系，利用多分形方法界定股票市场状态特征指标变量，从市场内外两方面筛选风险特征指标，建立 DNN、LSTM 股票市场极端风险预警模型，并将其应用于沪深 300 市场极端风险预警，结果显示，DNN 和LSTM 模型具有良好的稳定性。

Peter（1991）运用 R/S 分析法（Rescaled Range Analysis）证实，资本市场虽然表面看上去复杂混沌，但实际上存在着组织自相似性，符合分形市场的特征。Wright（1999）也发现，世界范围内多个新兴资本市场的股票价格的波动具有较强的序列相关性，但发达国家股票市场序列相关性不显著。Sornette 等（1996）发现，金融资产与火山爆发、物种灭绝、山体滑坡等统计物理系统一样具有自组织的特点，即系统并非因外界因素干扰产生巨变，而是其内部各因素相互作用进行有序化熵减，当临界状态时，任何微小的局部变化都会被不断放大并颠覆整个系统。沿着这个思路，他们运用对数周期幂律模型（LPPL）分析和预测了资产市场的泡沫累积及破灭过程，发现该模型具有较好的解释力度和预测能力。不仅如此，他们还发现在资本市场内部存在着大量的非理性投资者，他们相互模仿交易行为，极大地助长了泡沫积累并最终导致股价震荡。Zhou 和 Sornett（2004）将 LPPL 模型应用于中国股市分析，并预测了中国 A 股市场泡沫状况及未来股价走势，他们预测 A 股市场将于 2003 年触底并于次年初反弹，虽然股价震荡的预测时点并不精确，但他们的研究不仅为投资者提供了警戒作用，也为国内学者探索中国股票市场震荡预警问题提供了有益的启示。方勇（2011）同样沿用 LPPL 模型和物理金融学的研究框架，以上证指数 1990 年 12 月 19 日至 2010 年 3 月 22 日的日收盘价和日收益率作为样本数据，对其间发生的几次崩盘事件进行拟合估计，结果表明，中国股市深受国家政策影响，存在着暴涨暴跌的特征，是一个尚不成熟的新兴市场。陈卫华和蔡文靖（2018）以 2015 年 6 月崩盘事件为研究对象，运用 LPPL 模型对崩盘时点进行了预测。结果表明，LPPL 模型可以较好地刻画伴随对数周期震荡的超指数增长，其预测能力有较强的适应性，不受拟合区间起点和终点变更影响。于孝建等（2022）在前者的研究基础上，进一步改进了 LPPL 点式预测的弊端，构建了"滚动窗口"以及"固定起点并移动终点"两种临界点动态置信区间，以 2007 年和 2015 年中国沪深股市两次崩盘事件作为研究对象进行了分析与预测，发现置信区间法能更好地克服预测临界时点随机性的情况，并能很好地展示股市发生震荡前股价的变化轨迹，为投资者风险管理提供参考。

四、预警模型的改进与效果分析

为了进一步提升模型的预测能力和预测精度，学者们投入了大量的心血和热忱，尝试将微观企业特征（如盈利能力、盈余管理行为、公司治理水平、资金流向与存量、管理层讨论与分析等）和宏观经济因素（如政府补贴、银行补贴、行业差异）引入预警模型，或者两种以上的模型进行交叉融合，取得了一定的进展，构建了精度和效率更高的改进模型。

（一）基于微观企业特征的模型改进

王敬勇和王源昌（2010）研究发现，公司在发生财务危机之前大概率都存在盈余管理行为，因此他们将盈余管理变量引入 Logistic 预测模型，发现盈余管理变量不仅提高了预测模型的精确度，还提高了其他公司治理变量的解释力度。

刘文琦（2012）将公司内部治理变量引入 Logistic 预警模型，发现改进后的模型有更好的预警效果。陈欣欣和郭洪涛（2011）根据农业公司的特点，在原有财务指标的基础上引入了利润质量指标和市场估值指标，联合运用因子分析法和 Logistic 回归法构建了农业上市公司财务预警模型。

王竹泉和张晓涵（2021）认为，现有的财务困境预警模型缺乏对公司现实经济活动的深入思考，未能对企业的经济活动进行恰当的逻辑梳理和分类，造成资本导致相关财务概念混淆，财务风险信息扭曲，致使预警模型与实际结果出入较大，无法满足实际工作中精准识别财务风险的需求。因此，他们基于资金供求关系的角度重新定义了财务困境的核心内涵，探讨了资金运动流向和存量对财务困境的影响，并结合其他财务指标构建了三年期连续的 Logistic 预警模型，该模型较传统的预警模型有更高的预测精度。

杨贵军等（2021）发现修正 Benford 律对财务数据操纵有较好的识别效果，能够全面地评价财务信息的质量，这一特性从数理层面解决了财务指标失真对预警模型的影响。基于此，他们将修正 Benford 因子变量引入 Logistic 财务危机预警模型，并对我国 2000~2017 年上市公司进行预警分析，发现修正 Benford 因子可以提高财务危机预警模型的预测精度，降低两类误判率。

李成刚等（2023）运用文本挖掘技术对各上市公司年报中的管理层讨论与分析（MD&A）进行了文本分析，并将文本披露指标分别进入 Logistic 模型、决策树模型、支持向量机和神经网络模型构建上市公司信用风险预警模型，研究发现 MD&A 的文本信息披露指标与信用风险显著相关，可以有效提升模型的预测精度。

刘逸爽和陈艺云（2018）采用类似的方法以我国 2011~2015 年 139 家 ST 的上市公司作为研究样本，发现以情感词典来反映的管理层语调确实提高了信用风险预警模型的效力。

（二）基于宏观经济因素的模型改进

孙莹和崔静（2017）运用 Logistic 模型，考虑到僵尸企业长时间逐步演化的特点，综合了银行补贴、政府补贴等中国特有国情，基于财务视角构建了僵尸企业的预警模型。发现在考虑银行补贴和财政补助的前提下，反映企业偿债能力和盈利能力的指标具有较为稳定的预测效果。

过新伟和胡晓（2012）认为，不仅财务信息会影响公司的财务失败，公司治理结构、宏观经济环境等非财务因素也会对财务失败有重要的影响。为了验证这一猜想，他们同时采用了生存分析模型中的离散时间风险模型、Logistic 模型和 Probit 模型，综合利用财务信息、公司治理信息和宏观经济信息分别构建相应的预警模型并进行了验证。他们发现，上述非财务信息对财务失败有显著的预警作用，而且相较而言，离散时间风险模型的预警能力优于另外两个模型。另外，不同行业的财务指标与非财务指标有着不同的特征，而这些指标是构建财务危机预警模型的基础，因此有必要考虑行业差异对财务危机预警模型的影响。

王君萍和白琼琼（2015）以我国能源行业上市企业为研究对象，选取了 10 个能显著反映能源行业财务情况的指标构建了 Logistic 预警模型并对我国能源行业上市公司的财务危机情况进行了预警，发现模型预测准确率高达 90%。

（三）不同模型之间的交叉融合

王永萍等（2017）基于 FOA 算法对 Logistic 模型进行了改进，构建 FOA-Logistic 财务预警模型并进行了测试，结果表明，FOA-Logistic 的识别率有较大幅度提升。

文守逊和赵浩为（2010）融合了 Logistic 模型和支持向量机（SVM）从纯数理的角度构建了上市公司总经理离职行为预警模型，不过遗憾的是作者仅构建了理论模型，并未应用于实践数据。

孔宁宁和魏韶巍（2010）对比分析了主成分分析和 Logistic 两类预警模型对制造业企业财务危机的预警能力，他们选取了 46 家 ST 公司和 46 家同行业、同规模、同年度的正常经营公司，并选择其中 30 家公司作为模型参数估计样本，另外 16 家公司作为检验样本，发现主成分分析法虽然在前 1 年的预测精度略低于 Logistic 模型，但是前 2 年和前 3 年的预测精度要远高于 Logistic 模型，因此，他们认为主成分分析法的预警能力更优越。

Lane 等（1986）使用生存分析模型（Cox 比例风险模型）对银行破产进行预测，结果发现，生存分析模型比多变量判别模型（MDA）具有更高的预测能力和预测精度。

赵国宇和王善平（2009）尝试从公司财务特征、股权特征和审计师特征三个角度，综合运用 Logistic、Probit 模型和 LPM 模型构建了公司审计模型进行预警模型，并认为 Logistic 模型识别误判率最低，具有最优的预警效果。

李红琨等（2011）引入了现金流变量运用线性概率模型（LPM）和 Logistic

模型构建了上市公司财务危机短期预警模型，他认为在危机识别方面，LPM 模型要略优于 Logistic 模型，但 LPM 模型要求自变量严格遵循多元正态分布且公司发生财务危机的概率要与某个或者某些变量呈线性关系，这些要求在现实中并不是总能实现。相较之下，Logistic 模型按 Logit 曲线分布，在实际应用中更容易被接受。

丁岚和骆品亮（2017）以人人贷的交易数据为研究对象，将机器学习预警模型应用到 P2P 网贷违约风险预警的研究中，对比分析了 Logistic 回归、决策树、支持向量机（SVM）和基于 Stacking 集成策略的预测模型的预测效果，他们发现基于 Stacking 集成策略的预测模型有更高的预测精度。

方匡南等（2014）发现，可以同时进行变量选择和参数估计的 Lasso 算法能够更准确地捕捉影响风险的关键因素，因此将 Lasso 算法融入 Logistic 模型，构建 Lasso-Logistic 预警模型可以显著提升预测精度和速度。他们将改进后的模型应用于个人信用风险预警，取得了较好的结果。

第五节　文献评述

通过文献综述可见，现有研究对股价震荡风险原因及影响因素的探讨相对比较丰富，对股价震荡预警的研究尚处在起步阶段。由于股价震荡是多方面因素共同作用的结果，因此对震荡风险原因的探讨远未结束，尚有很多可开拓的领域，很多重要的影响因素可能仍被埋没，需要后来者不断发掘和丰富。另外，根据 Sornette 等（1996）的研究，金融市场的暴跌崩盘并非完全是外界因素的干扰，而是其内部各因素相互作用进行有序化熵减，因此，企业组织内部的任何微小变化都可能会在关键时刻（熵减至临界状态）颠覆整个系统。因此，向内审视、探寻组织自身存在的问题是帮助企业避免股价震荡风险的根本，也是防范化解整个资本市场重大金融风险的核心。

一、股价震荡风险影响因素文献评述

前文对公司股价震荡风险影响的因素的综述已经分析了宏观经济环境、行政制度、内部审计、机构投资者、董事会规模等因素，但尚未在下列方面探讨过其对股价震荡风险的影响：

第一，董事会非正式层级。现有文献关于股价震荡风险研究主要集中在公司治理特征和正式的治理机制上，但学术界关于董事会非正式层级与股价震荡风险并没有过多的研究。董事会能否起到对公司治理的监督作用，取决于董事会成员之间的交流和调和，成员之间的沟通能够对公司决策产生显著的影响。董事会决策的效率和效果的决定因素是董事会难以捉摸的、隐性的对决策能产生的交流过程。董事会和其他群体组织有着相似的地方是董事会成员之间会形成非正式的层级，这种层级的产生是因为成员之间的地位、威望等有差异。本书将探究董事会内部非正式层级对公司的股价震荡风险的影响，并进一步探究环境不确定性对董事会非正式层级对股价震荡风险的影响有何不同，以期进一步拓展股价震荡的影响因素。

第二，连锁股东。当前鲜有学者从"社会网络"视角研究股价震荡风险，"社会网络化"是当今社会的研究热点，研究连锁股东网络与股价震荡风险之间的关系十分重要。而对于连锁股东的经济后果研究，现有实证研究起步较晚、成果较少，主要集中在企业投融资、企业创新等方面，其对于股价震荡风险的影响方面关注较少。此外，考虑到连锁股东与股价震荡风险分别是我国资本市场和实体经济市场健康发展的重要因素，因此本书从连锁股东的视角出发，探讨其对股价震荡风险的影响，以期丰富现有研究领域，并为实体经济决策提供一定的参考。

第三，高管金融背景。已有文献对高管的关注主要集中在性别、年龄等人口特征上，对管理层职业背景特征的研究尤其是管理层金融背景的研究关注不足，且已有关于管理者金融背景的研究主要集中在企业并购和企业投融资方面，关于管理层金融背景对股价震荡风险影响的研究并不多见。事实上，金融机构工作经历对企业并购、投融资的影响最终会作用于公司股价。因此，本书以管理层金融背景为切入点，探究管理层金融行业工作经历对公司股价震荡风险产生的影响，

同时，加入代理成本这一中介变量，用以研究管理层金融背景与股价震荡风险间的作用机制。

第四，企业数字化转型。数字化转型为企业高质量发展赋予了新的动能，"破旧立新"是其鲜明特征之一，本质上是通过促进企业已有数据的高效流动而提高其资源配置、信息效率以及缓解外部宏观环境变化为企业所带来的强大冲击。现有文献讨论了数字化转型对企业股票流动性、全要素生产率、企业创新效率、投入产出效率等经济后果的影响，鲜有文献从企业风险管理角度出发，研究数字化转型对企业股价震荡风险的影响。本书从经营风险和内部控制的角度剖析了数字化转型对股价震荡风险的作用机制，为促进企业健康稳定发展提供有益指引。

二、股价震荡预警模型文献综述

前文从单变量指标预警模型、多变量体系预警模型和统计模型三个角度对风险预警模型进行了综述，这些模型被广泛应用于财务危机、信用风险、金融危机、经营失败、违约风险等方面的预警，但对于股价震荡风险的预警相对较少。包括对数周期幂律（LPPL）模型、波动率指数、隐含波动率指标等，这些模型多以整个资本市场的股票指数或者其他金融资产价格作为研究对象，预测该项金融资产在宏观层面的价格走势或者震荡时点，鲜少关注微观企业层面个股的价格波动及震荡概率。本书立足于个股而非整个资本市场，分别从系统性风险与非系统性风险的角度，构建 Logistic 和 BP 神经网络模型，同时引入前文探索的关于公司治理特征及企业行为的变量对模型进行改进。运用改进后的模型对公司未来股价震荡概率进行预警，测评不同类别变量对预警结果的重要性程度，为相关政策建议提供数据支持，为我国上市公司的风险防控提供有益帮助。

第三章　股价震荡风险的影响因素

第一节　连锁股东与股价震荡风险

随着我国迈入"十四五"，经济发展已经进入转型升级的关键阶段，企业经济的高质量、可持续发展逐渐成为新的发展战略，充分利用资源、提高资源利用率成为题中应有之义。除自然资源外，人力资源、信息资源等社会资源在经济发展中起着至关重要的作用。同时，持有多家同行业企业股权的股东即为连锁股东（He 和 Huang，2017）。在我国资本市场中，乃至全球，企业间由连锁股东形成的经济关联早已不足为奇（Schmalz，2018），据国泰安数据统计，截至 2020 年底，按照前十大股东 5% 以上的持股标准，中国上市公司存在连锁股东的比例高达 17.87%，并呈逐年上升的趋势。连锁股东除了能掌握不同行业间的内部信息，提高信息的流动性，其本身拥有的丰富知识、资金资源、管理技能和行业经验也能对公司治理能力及可持续发展产生影响。国内外学者关注到这一特点并展开研究，认为连锁股东能提高公司治理能力。连锁股东作为多家企业的联结纽带，不仅能发挥监督效应，凭借其在资本市场中的管理经验对管理者进行监督，减少管理层自利行为，还能作为企业间信息和资源流通的关联节点发挥信息与资源效应（潘越等，2020）。然而，也有学者提出了完全相反的观点，认为连锁股东的最终目标并不是获得单一企业的超额收益，而是综合所有企业的联合收益最大化（Hart，1979），这使得连锁股东在企业业绩不好时，具有在投资组合企业内进行合谋的动机，反而损害了投资者的利益，不利于企业高质量发展。

全球股价暴跌事件频发，不仅导致投资者个人财富的缩水，也影响了实体企业发展乃至资本市场体系稳定。目前，关于股价震荡风险的成因以 Jin 和 Myers（2006）的"信息隐藏假说"为主，因此解决股价震荡问题的关键是减少信息不对称带来的外部投资者风险误断以及企业管理层短视行为。盈余管理正是管理层基于信息不对称对公司数据作假以及利润进行调节的行为，严重损害了投资者的利益，一直以来都是资本市场中不可根治的顽疾。公司自身的经营风险是股价发生震荡的重要因素之一，公司经营风险越高，其股价波动幅度越大（Konchitchkil等，2016）。连锁股东作为公司的大股东，往往以长期持有股权为目的，通过参与同行业企业的经营活动，在管理知识、监督经验以及行业专长等方面更具备优势。不仅能够利用丰富的管理经验参与企业的经营管理，提高公司内部治理，改善公司的经营业绩，而且有助于提升管理层识别发展机会的能力，从而降低企业风险。

因此，本节基于我国资本市场中连锁股东普遍存在的现实背景，确定连锁股东的"协同治理"效应还是"竞争合谋"效应对股价震荡风险产生了影响，探究连锁股东通过什么路径对股价震荡风险发挥作用，进而针对性地制定引导和规范政策，对于构建公平竞争的市场体系、助力经济转型升级具有重要意义。

一、理论分析与研究假设

连锁股东现象作为所有权层面的社会网络联结形式，广泛地存在于全球资本市场中（Schmalz，2018）。与投资单一公司的股东相比，连锁股东主要有两个特点：①其投资目标为最大化投资组合的价值而不是最大化某个特定企业的价值，因而连锁股东有促使企业间在产品市场中进行合谋的动力；②在同等条件下，连锁股东拥有更为丰富的经验、信息和资源，可以在公司治理方面展现出更多的协同优势。因此，学者们对连锁股东的研究也主要从"治理协同"效应和"竞争合谋"效应两方面展开。

（一）连锁股东对股价震荡风险的积极影响——"治理协同"效应

连锁股东作为多家企业的联结点，不仅能发挥监督效应，凭借其在资本市场中的管理经验对管理者进行监督，减少管理层自利行为，还能作为企业间信息和资源流通的关联节点发挥信息与资源效应（潘越等，2020）。

首先，从连锁股东的监督效应来说，连锁股东能够监督管理层，借助其多年积累的公司治理经验和对市场的判断力，有助于被投资企业及时掌握经营活动所需的相关信息，减少管理层隐藏坏消息的可能性，而且在特定情况下，可以针对股东与管理层存在分歧的提案投反对票，罢免不称职的管理层（Kang 等，2018），并采取抑制其财务信息操纵等多种方式对管理层进行约束与监督，缓解现代企业所有权与控制权分离产生的委托代理问题，而随着企业内部代理冲突的缓解，管理层的机会主义行为会随之减少，进而降低股价震荡风险。

其次，从连锁股东的信息效应来说，连锁股东作为行业间不同企业的信息连接点，其长期参与同行业公司的生产经营。因而与普通投资者相比，其在获取行业发展机会相关的信息方面具有明显优势（He 等，2019），不仅能为企业带来丰富且多元的异质性信息，还有助于同行业企业间的信息流动，提高外部投资者对企业的了解程度，缓解信息不对称，从而减少股价发生震荡的可能性。Brooks 等（2018）发现，连锁股东降低了企业间的交易成本，提高了财务报表信息的透明度。从连锁股东的资源效应来说，连锁股东不仅能形成股东资源的集聚与融合，带动对其他资源的吸附，拓宽丰富的融资渠道，还能在企业间建立连接关系，协调企业合作过程中的利益冲突，稳定并提升企业间的战略合作，吸引其他企业投资者并带来公司溢价，进而缓解融资约束，促进企业进行研发创新活动，降低经营风险，从而减少企业负面消息集中释放的可能性，降低股价震荡风险。基于以上分析，提出本节的假设 H3-1-1：

H3-1-1：连锁股东有助于降低公司股价震荡风险。

（二）连锁股东对股价震荡风险的消极影响——"竞争合谋"效应

由于连锁股东在同行业多家企业持股，某家企业能够带来的利润最大化并不重要，最终目标是追求多家企业组合能够带来的股东财富最大化（Hart，1979），这使其具有利用内部消息促进连锁投资企业间合谋的动机。现有文献发现，连锁股东会对所投资企业施加压力，以减少企业内部竞争，从而形成价格联盟而占据一定的垄断地位，最终获得投资组合的最大收益（He 和 Huang，2017），甚至有意减少长期战略性但短期低回报的对外投资，从而造成企业投资不足（潘越等，2020）。

首先，连锁股东的合谋动机得以实现离不开管理层的配合。相应地，连锁股东会因管理层的配合而放松应有的治理监督，甚至对管理层的短视行为视而不见，加大企业的逆向选择和道德风险，进而使得企业股价发生震荡的可能性增大。

其次，大股东间存在的共同利益促使他们相互联合，以侵占中小股东权益，加剧连锁股东的掏空行为，降低监督效率，恶化代理冲突，进而加剧股价震荡风险。

此外，连锁股东也会因为同时持股多家企业而出现关注度不集中的现象，进而降低对各家企业的监督力度。根据心理学的研究，当大量的信息存在时，人的筛选、处理信息的能力是有限的，自然会导致注意力不够集中，也会相应减少对相关事项的关注（Hirshleifer 等，2009）。因而当连锁股东同时持股多家企业时，对某一家企业的监督能力必然会因整体关注能力有限而下降，这时，管理层存在个人私利动机的可能性更大，也有更大概率进行不恰当的短视行为。不仅如此，连锁股东存在关注分散的情况时，在较少分析师追踪并且董事会监督不力的企业，管理层可能会利用连锁股东分心导致的监督放松，借机进行更多的盈余管理行为（Garel 等，2021），进而加剧股价震荡风险。基于以上分析，提出本节的假设 H3-1-2：

H3-1-2：连锁股东会推升公司股价震荡风险。

（三）连锁股东、盈余管理与股价震荡风险

当上市公司业绩未能达到既定目标时，管理层有动机通过盈余管理调节利润，这种行为显然是对处于信息弱势地位的外部投资者的一种隐瞒和欺骗，严重损害了投资者的利益。如上文假设 H3-1-1 所述，连锁股东有较强的信息优势和丰富的公司治理经验，为了避免自己的利益受损，他们有动机也有能力对企业内部治理和投资决策发挥监督作用，及时察觉出管理层的不利行为，抑制管理层机会主义动机，进而抑制企业盈余管理。Defond 等（1991）发现，当股东持股数量大于5%时，管理层通过盈余管理调整盈余的可能性相对而言较低。此外，基于外部投资者处于信息弱势的一方，其往往通过公司主动对外披露的信息来获取公司的生产经营情况（张程睿，2016），尤其年度报告等财务信息，通常被认为是投资者判断是否投资而依据的具有重要参考意义的信息（周勤业等，2003）。而管理层如果有虚增利润的动机，那么其就会通过操纵企业财务信息数据，隐藏内部的不利消息，以误导依赖公司财务报表信息做出判断的外部投资者，一旦该负面信息无法再隐藏或隐藏成本增大到无法接收时，坏消息会突然集中释放，最终导致股价巨幅震荡。周爱民和遥远（2018）实证证实，真实盈余管理会加剧股价震荡风险。基于以上分析，提出本节的假设 H3-1-3：

H3-1-3：盈余管理在连锁股东与公司股价震荡风险的关系中起到中介效应作用。

（四）连锁股东、经营风险与股价震荡风险

公司自身的经营风险对股价具有重要影响。一般而言，经营风险越高，外界对公司的信赖程度越低，股价波动幅度越大，公司业绩恶化导致的高经营风险会加重股价发生震荡的可能性（Konchitchkil 等，2016）。管理层基于个人的利益，会采取一系列盈余管理措施而美化其不佳的经营业绩，当经营业绩的恶化程度大到管理层无法采取措施隐藏不利业绩时，会加剧信息披露风险。而公司的信息透明度越低越容易引发代理问题，进一步推升公司的经营风险，最终都加大了股价震荡风险。

与其他单一持股的投资者不同，连锁股东作为多家企业的持股者，以长期持股以获利为主，能够参与企业的生产经营活动，在管理技能、监督能力等方面具有较大的优势。不仅能够利用丰富的管理经验参与企业的经营管理，改善公司的经营业绩，提升管理层识别发展机会的能力而降低经营风险（杜善重和李卓，2022），也可以通过监督来加大管理层对企业研发创新的力度，提高企业核心竞争力，有利于降低经营风险。此外，连锁股东有很强的动机对其投资组合内的同行业企业施加影响，以减少彼此间的直接竞争（Hansen 和 Lott，1996），并通过促成企业间的合谋来提高企业的市场份额和议价能力（He 和 Huang，2017；Azar，2018），进而降低企业的经营风险。基于以上分析，提出本节的假设 H3-1-4：

H3-1-4：经营风险在连锁股东与公司股价震荡风险的关系中起到中介效应作用。

二、研究设计

（一）样本选择

本节选取 2010~2021 年我国 A 股上市公司为初步样本，并进行以下处理：

（1）剔除银行、保险等金融行业；

（2）剔除 ST、*ST 处理的公司；

（3）剔除数据不全的公司；

（4）在计算股价震荡风险变量时，剔除年交易周数少于 30 的样本，以排除企业上市、退市、停牌等因素对股价震荡风险的影响；

（5）为避免极端值的影响，对本节所涉及的连续变量，在 1% 和 99% 的水平上进行缩尾处理。

经过以上筛选过程，最终获得 26602 个观测值。本节所有数据均来源于国泰安经济金融研究数据库 CSMAR 和 Wind 资讯金融终端。

（二）变量定义

1. 股价震荡风险

参照 Chen 等（2001）、周蕾等（2020）的做法用负收益偏态系数（$Ncskew$）和收益上下波动比率（$Duvol$）衡量股价震荡风险。首先构建个股周收益率对前、后两期市场收益率的回归模型，保留残差；其次对残差加 1 后取自然对数作为个股的特定周收益率；最后按照下列公式构造两种度量的指标：

（1）$Ncskew$，运用个股 i 特定周收益率的偏态来衡量震荡倾向。

$$Ncskew_{i,t} = - \frac{\left[n(n-1)^{\frac{3}{2}} \sum W_{i,t}^3 \right]}{\left[(n-1)(n-2)\left(\sum W_{i,t}^2 \right)^{\frac{3}{2}} \right]} \tag{3.1}$$

式（3.1）中，n 表示在第 t 年中，个股 i 发生交易的周数。

（2）$Duvol$，运用个股 i 特定周收益率的波动来衡量震荡倾向。

$$Duvol_{i,t} = \ln\left\{ \frac{\left[(n_u - 1) \sum_d W_{i,t}^2 \right]}{(n_d - 1) \sum_u W_{i,t}^2} \right\} \tag{3.2}$$

式中，n_u（n_d）表示个股 i 在第 t 年的特定周收益率大于（小于）该年平均特定周收益率的周数。*Duvol* 与 *Ncskew* 数值越大，意味着收益率更易于偏左侧，股价震荡倾向越大。考虑到内生性问题，在后文进行回归时，以上变量均采用未来一期作为被解释变量。

2. 连锁股东

参考 He 和 Huang（2017）、Chen 等（2018）、潘越等（2020）的研究，本节基于如下步骤构建连锁股东指标：

（1）连锁股东数量指标（*Cross*）：首先，在季度层面保留持股比例不低于 5% 的股东（以下简称大股东），之所以选择 5% 作为界定门槛，是因为前期文献通常认为持股 5% 以上的股东可能对公司的治理和经营具有重大影响（Bharath 等，2013），并且中国的相关法律法规中，5% 是一条重要的股权门槛；其次，在每个季度上，计算每家公司有多少名大股东在同行业的其他公司也是大股东；最后，对上述季度层面的连锁股东数目，求其年度均值，并加 1 取对数。

（2）是否存在连锁股东指标（*Cross_dum*），如果企业存在上述连锁股东为 1，否则为 0。

（3）连锁股东持有股份指标（*Cross_share*），对每家企业，在季度上计算其股份被连锁股东持有的比例之和，再求年度平均。其中，行业按照证监会 2012 的分类标准进行分类，制造业细分到二级代码，非制造业企业细分到一级代码。

3. 中介变量：盈余管理、经营风险

借鉴 Dechow 等（1995）、叶康涛和刘金洋等（2021）的研究，采用修正 Jones 模型计算出的可操纵性应计利润的绝对值 *DA* 衡量盈余管理。借鉴王竹泉等（2017）、董盈厚等（2021）的研究，本节使用经行业与年度调整后的企业盈利波动性（息税折旧摊销前利润率的滚动标准差）作为经营风险（*Risk*）的代理变量，具体计算方式见式（3.3），该指标越大，企业的经营风险越高。

$$Risk_{i,t} = \sqrt{\frac{1}{T-1}\sum_{t=1}^{T}\left(AdjRoa_{i,t} - \frac{1}{T}\sum_{t=1}^{T}AdjRoa_{i,t}\right)^2} \qquad (3.3)$$

4. 控制变量

参考姜付秀（2018）、马新啸等（2021）的研究，本节还控制了其他可能影响股价震荡风险的因素。公司特征方面，包括企业规模（*Size*）、资产负债率（*Lev*）、资产收益率（*Roa*）、第一大股东持股比例（*Top1*）、独立董事比例（*Indr*）、市值账面比（*BM*）、股权制衡度（*Shrz*）；市场特征方面，包括平均周收益率（*Ret*）、周收益标准差（*Sigma*）；事务所特征方面，包括审计质量（*Big4*）。具体界定方式如表 3.1 所示。

表 3.1　变量定义

变量类型	变量名称	变量符号	变量定义
被解释变量	股价震荡风险	*Ncskew*	计算方式见式（3.1）
		Duvol	计算方式见式（3.1）
解释变量	连锁股东	*Cross*	详见变量定义
		Cross_Dum	虚拟变量，如果上市公司存在连锁股东，则定义为 1，否则为 0
		Cross_Share	在季度上计算连锁股东持有各家股份的比例之和，再求年度平均
中介变量	盈余管理	*DA*	修正 Jones 模型的绝对值
	经营风险	*Risk*	计算方式见式（3.3）
控制变量	企业规模	*Size*	企业年末总资产的自然对数
	财务杠杆	*Lev*	年末负债总额/年末资产总额
	资产收益率	*Roa*	公司净利润/总资产
	股权集中度	*Top1*	公司第一大股东年末持股比例
	独立董事比例	*Indr*	独立董事人数/董事会人数
	账面市值比	*BM*	期末总市值/期末总资产
	股权制衡度	*Shrz*	第 2~5 股东持股数之和/第一股东持股数
	平均周收益率	*Ret*	股票 i 在第 t 年的平均周特有收益率
	周收益标准差	*Sigma*	公司 i 在第 t 年周特有收益的标准差
	审计质量	*Big4*	聘用四大会计师事务所为 1，否则为 0
	年份/行业	*Year/Ind*	虚拟变量

（三）模型构建

（1）为检验假设 3-1-1、假设 3-1-2 连锁股东与股价震荡风险之间的关系，构建如下线性回归模型：

$$Crash_{i,t+1} = \alpha_0 + \alpha_1 Cross_{i,t} + Controls_{i,t} + \varepsilon_{i,t} \tag{3.4}$$

模型 3.4 中，因变量 *Crash* 为股价震荡风险，分别由负偏态收益系数 *Ncskew*

和股票的收益上下波动比率 Duvol 两个指标度量。若 α_1 显著为负，则代表假设 H3-1-1 成立，连锁股东能够发挥积极作用，有效降低了股价震荡风险；若 α_1 显著为正，则代表假设 H3-1-2 成立，连锁股东发挥了消极作用，显著提升了股价震荡风险。

（2）为检验假设 H3-1-3、假设 H3-1-4，连锁股东能否通过降低企业盈余管理和经营风险两条路径，进而降低股价震荡风险，借鉴温忠麟等（2004）的研究构建以下模型：

$$DA/Risk_{i,t}=\beta_0+\beta_1 Cross_{i,t}+Controls_{i,t}+\varepsilon_{i,t} \tag{3.5}$$

$$Crash_{i,t+1}=\gamma_0+\gamma_1 DA/Risk_{i,t}+\gamma_2 Cross_{i,t}+Controls_{i,t}+\varepsilon_{i,t} \tag{3.6}$$

式中，DA 代表盈余管理、$Risk$ 代表经营风险。γ_2 代表连锁股东对股价震荡风险的直接效应，而 $\beta_1 \times \gamma_1$ 代表连锁股东通过降低企业盈余管理和经营风险的中介效应，若 α_1 为负，β_1 为负，γ_1 为正，且同时 γ_2 小于 α_1，则代表中介效应成立。

三、实证分析

（一）描述性统计

表 3.2 是各变量的描述性统计结果。可以看出，负收益偏态系数（Ncskew）与收益上下波动比（Duvol）均值分别为 -0.324 和 -0.213，最大值为 1.679 和 1.008，最小值为 -2.418 和 -1.349，表明所选样本公司的股价震荡的情况整体上处于比较安全的范围。不过 Ncskew 和 Duvol 的离散系数分别为 2.22 和 2.21，在所有变量中属于离散系数较大的两个变量，表明不同上市公司之间的股价震荡风险存在较为明显的差异。连锁股东数量（Cross）的均值为 0.098，最大值为 1.099，表明不同企业的连锁股东数量存在差异。是否存在连锁股东（Cross_Dum）的均值为 0.144，表明 2010~2021 年共有 14.4% 样本企业存在连锁股东。连锁股东的持股数量（Cross_share）的均值为 0.039，最大值为 0.592，表明不同企业连锁股东的持股比例存在较大差异，其余控制变量均处于合理区间。

表 3.2　描述性统计

变量	N	mean	p50	sd	min	max	p25	p75
Ncskew	26602	-0.324	-0.287	0.719	-2.418	1.679	-0.723	0.107

续表

变量	N	mean	p50	sd	min	max	p25	p75
Duvol	26602	−0.213	−0.216	0.471	−1.349	1.008	−0.530	0.096
Cross	26602	0.098	0.000	0.249	0.000	1.099	0.000	0.000
Cross_Dum	26602	0.144	0.000	0.351	0.000	1.000	0.000	0.000
Cross_Share	26602	0.039	0.000	0.116	0.000	0.592	0.000	0.000
Size	26602	22.204	22.027	1.300	19.804	26.186	21.267	22.944
Lev	26602	0.433	0.426	0.209	0.054	0.917	0.266	0.589
Roa	26602	0.037	0.036	0.062	−0.269	0.195	0.014	0.066
Top1	26602	34.693	32.625	14.897	8.995	74.824	23.044	44.867
Indr	26602	0.381	0.364	0.072	0.250	0.600	0.333	0.429
BM	26602	0.622	0.621	0.249	0.114	1.161	0.431	0.810
Shrz	26602	9.703	3.707	16.540	1.005	106.651	1.772	9.375
Ret	26602	0.003	0.002	0.009	−0.016	0.034	−0.004	0.008
Sigma	26602	0.063	0.058	0.024	0.026	0.150	0.047	0.073
Big4	26602	0.060	0.000	0.237	0.000	1.000	0.000	0.000

（二）连锁股东的单变量分析

是否存在连锁股东组的股价震荡风险的单变量分析结果如表3.3所示。可以看出，在存在连锁股东组，股价震荡风险的平均值、中位数分别为−0.350和−0.309，而在非连锁股东组，股价震荡风险的平均值、中位数为−0.320及−0.283，不论是平均值检验还是中位数检验都至少通过了5%的水平性检验，表明在连锁股东组中股价震荡风险更小，在一定程度上验证了本节的假设H3-1-1，连锁股东有助于降低股价震荡风险。

表3.3　单变量分析

	均值			中位数		
	连锁股东组	非连锁股东组	T值	连锁股东组	非连锁股东组	T值
Ncskew	N=4084	N=22518	2.494**	N=4084	N=22204	4.964***
	−0.350	−0.320		−0.309	−0.283	

注：***、**、*分别表示1%、5%、10%的显著性水平，括号内为T值。

（三）连锁股东对股价震荡风险的回归分析

表3.4第（1）~（3）列为连锁股东对股价震荡风险的回归结果。第（1）列是不加控制变量的回归结果，可知连锁股东（Cross）的系数为 −0.0590（t 值为 −3.33），在1%的水平上显著，表明连锁股东（Cross）能够有效降低股价震荡风险。第（2）列是控制了行业年份回归得出的结果，可知系数方向及显著性基本一致。第（3）列是进一步将控制变量放入模型中进行回归，可知连锁股东（Cross）的系数为 −0.0498（t 值为 −2.75），在1%的水平上显著，尽管系数大小及显著性稍微下降，但整体看连锁股东（Cross）对股价震荡风险（Ncskew）的缓解作用仍然成立。这意味着本节假设 H3-1-1 成立，即连锁股东与股价震荡风险呈显著负向关系。

由上述假设可知，连锁股东也有可能发挥消极影响，产生自利动机，尽管本节已经对自变量进行了滞后一期处理，但不可避免需要考虑连锁股东对股价震荡风险的抑制作用是处于权宜之计还是长久谋划。借鉴李小玲等（2020）的研究，对连锁股东进行了 2~3 期的滞后处理，回归结果如表3.4列（4）~（6）所示。可以看出，在滞后 2~3 期之后，连锁股东依旧显著抑制了股价震荡风险，至少通过了5%的水平性检验，表明连锁股东的抑制效应并未权宜之计，具有长期性，这也进一步验证了假设 H3-1-1，连锁股东显著抑制了股价震荡风险。

表3.4　连锁股东对股价震荡风险的回归结果及动态影响分析

变量	(1) Ncskew	(2) Ncskew	(3) Ncskew	(4) Ncskew	(5) Ncskew	(6) Ncskew
Cross	−0.0590*** (−3.33)	−0.0456** (−2.54)	−0.0498*** (−2.75)			
L2. Cross				−0.0594*** (−2.77)		
L3. Cross					−0.0504** (−2.15)	
Size			−0.0116** (−2.18)	−0.0045 (−0.70)	−0.0081 (−1.12)	−0.0027 (−0.34)
Lev			0.0731*** (2.70)	0.1042*** (3.14)	0.1163*** (3.20)	0.1312*** (3.28)

续表

变量	(1) Ncskew	(2) Ncskew	(3) Ncskew	(4) Ncskew	(5) Ncskew	(6) Ncskew
Roa			0.0027 (0.03)	−0.0857 (−0.90)	−0.0985 (−0.95)	−0.0804 (−0.72)
Top1			0.0008 ** (2.27)	0.0005 (1.25)	−0.0002 (−0.34)	−0.0002 (−0.41)
Indr			0.0437 (0.74)	0.0442 (0.63)	0.0867 (1.13)	0.0155 (0.18)
BM			−0.3619 *** (−14.22)	−0.3955 *** (−12.80)	−0.3741 *** (−11.00)	−0.3384 *** (−9.15)
Shrz			−0.0025 *** (−8.51)	−0.0021 *** (−6.03)	−0.0017 *** (−4.26)	−0.0015 *** (−3.29)
Ret			−13.3105 *** (−17.66)	−12.9221 *** (−13.97)	−12.0333 *** (−11.96)	−13.2556 *** (−11.77)
Sigma			−7.5192 *** (−27.04)	−7.4753 *** (−21.76)	−6.9955 *** (−18.91)	−6.5343 *** (−16.19)
Big4			−0.0449 ** (−2.32)	−0.0422 * (−1.86)	−0.0363 (−1.48)	−0.0280 (−1.06)
Year/Ind	No	Yes	Yes	Yes	Yes	Yes
_cons	−0.3185 *** (−67.28)	−0.3047 *** (−7.12)	0.6125 *** (5.18)	0.4789 *** (3.42)	0.4103 *** (2.65)	0.2397 (1.39)
R^2_adj	0.0003	0.0207	0.0920	0.0871	0.0838	0.0836
N	26602	26602	26602	18393	15840	13265

注：***、**、*分别表示1%、5%、10%的显著性水平，括号内为 T 值。

（四）稳健性检验

1. 替换变量

借鉴潘越等（2020）、马连福和杜善重（2021）的研究，采用是否存在连锁股东（Cross_Dum）和连锁股东持股比例（Cross_Share）作为连锁股东的替换变量，同时采用 Duvol 作为股价震荡风险的替代变量重新进行回归，回归结果如表3.5所示。表3.5第（1）～（4）列是替换解释变量后连锁股东对股价震荡风险的回归结果，可以看到连锁股东分类指标（Cross_Dum）和连锁股东持股占比（Cross_Share）与股价震荡风险（Ncskew）之间呈负相关关系，且至少在5%水平上显著，表明连锁股东能够有效降低企业发生股价震荡风险的可能，本节的假设 H3-1-1 依旧稳健。

表 3.5　替换解释变量：连锁股东对股价震荡风险的回归结果

变量	(1) Ncskew	(2) Duvol	(3) Ncskew	(4) Duvol
Cross_Dum	−0.0279 ** (−2.20)	−0.0314 ** (−2.46)		
Cross_Share			−0.1152 *** (−3.00)	−0.0983 ** (−2.53)
Controls	Yes	Yes	Yes	Yes
_cons	−0.3047 *** (−7.12)	0.6201 *** (5.25)	−0.3044 *** (−7.11)	0.6168 *** (5.22)
R^2_adj	0.0206	0.0920	0.0208	0.0920
N	26602	26602	26602	26602

注：*** 、 ** 、 * 分别表示 1%、5%、10% 的显著性水平，括号内为 T 值。

2. 固定效应

为缓解回归中因未控制宏观因素和时间特质的遗漏变量而产生的内生性问题，借鉴唐松等（2020）的研究，采用固定效应和高阶联合固定效应对连锁股东与股价震荡风险重新进行回归。回归结果如表 3.6 所示。表 3.6 列（1）、（3）为使用固定效应模型后连锁股东对股价震荡风险的回归结果，而表 3.6 列（2）、（4）为使用高阶联合固定效应模型后连锁股东对股价震荡风险的回归结果。可以看出连锁股东（Cross）与股价震荡风险（Ncskew）间呈显著负相关，至少在 5% 水平上显著，表明连锁股东能够有效降低企业发生股价震荡风险的可能，本节的假设 H3-1-1 依旧稳健。

表 3.6　固定效应：连锁股东对股价震荡风险的回归结果

变量	(1) Ncskew	(2) Duvol	(3) Ncskew	(4) Duvol
Cross	−0.0399 ** (−2.01)	−0.0429 ** (−2.20)	−0.0454 ** (−2.34)	−0.0488 ** (−2.55)

续表

变量	(1) Ncskew	(2) Duvol	(3) Ncskew	(4) Duvol
Controls	Yes	Yes	Yes	Yes
_cons	−0.2967*** (−6.10)	−0.2848* (−1.84)	0.6105*** (4.86)	0.6243*** (3.30)
Within−R^2	0.0230	0.0320	0.0958	0.1056
N	26602	26602	26602	26602

注：***、**、*分别表示1%、5%、10%的显著性水平，括号内为T值。

3. 倾向得分匹配法（PSM）

由于连锁股东组与非连锁股东组可能存在个体偏差，为避免个体自选择所导致的内生性问题，本节采用倾向得分匹配法进行检验。首先，将是否存在连锁股东分成控制组与处理组。其次，以原模型中的企业规模（Size）等相关变量作为协变量，采用Logit模型和邻近1∶1的匹配方法，其匹配前后结果如表3.7所示，结果显示，匹配后选取的协变量偏差均小于5%，且匹配后的P值均不显著，说明匹配后消除了两组之间的偏差。进一步将匹配样本进行回归基准回归结果如表3.8第（1）~（2）列所示。可以看出，连锁股东（Cross）与股价震荡风险（Ncskew）间的负相关性通过了1%水平性检验，说明连锁股东能够有效降低股价震荡风险，假设H3-1-1依旧稳健。

表3.7 平衡性检验

| 变量 | Unmatched
Matched | Mean | | %bias | %reduct
\|bias\| | T-test | |
		Treated	Control			T值	P值
Size	U	23.038	22.052	−22.0	96.1	−12.57	0.000
	M	23.025	23.028	0.9		0.40	0.687
Lev	U	0.486	0.423	30.7	94.6	17.76	0.000
	M	0.486	0.489	−1.6		−0.73	0.464
Top1	U	36.353	34.391	13.3	83.9	7.75	0.000
	M	36.321	36.005	2.1		0.93	0.354

变量	Unmatched Matched	Mean		%bias	%reduct |bias|	T-test	
		Treated	Control			T 值	P 值
Indr	U	0.370	0.383	−17.8	92.9	−10.26	0.000
	M	0.371	0.370	1.3		0.59	0.558
BM	U	0.687	0.610	30.2	92.2	18.38	0.000
	M	0.688	0.694	−2.4		−1.03	0.304
Sigma	U	0.059	0.064	−22.0	96.1	−12.57	0.000
	M	0.059	0.586	0.9		0.4	0.687

表 3.8 第（1）~（2）列列示了匹配后的样本进行回归基准回归的实证结果，连锁股东（*Cross*）与股价震荡风险（*Ncskew*）之间的负相关性通过了 1% 水平性检验，说明连锁股东能够有效降低股价震荡风险，假设 H3-1-1 依旧稳健。

表 3.8 PSM 回归结果

变量	（1） *Ncskew*	（2） *Duvol*	（3） Cross	（4） *Ncskew*	（5） *Ncskew*
Cross	−0.0642 *** (−2.64)	−0.0649 *** (−2.65)		−0.4350 ** (−2.47)	−0.0359 *** (−2.78)
Cross_ m			0.7154 *** (16.95)		0.3559 ** (2.43)
Controls	Yes	Yes	Yes	Yes	Yes
_cons	0.6148 *** (5.15)	0.3123 (1.36)	−1.0102 *** (−25.67)	0.2260 (1.06)	0.0917 (−1.84)
R^2_adj	0.0821	0.0815	0.1403	0.0765	26411
N	6607	6529	26601	26601	4782

注：***、**、* 分别表示 1%、5%、10% 的显著性水平，括号内为 T 值。

4. 工具变量法

尽管上述研究证明了连锁股东与股价震荡风险之间呈负相关，但有可能是由于企业本身股价震荡风险的可能小，因而受到股东的追捧，从而形成连锁股东。为缓解由此导致的内生性问题，借鉴王会娟等（2021）的研究，选取同省份其他上市公司连锁股东均值作为工具变量（*Cross_m*）。一般而言，股东出于情感等因素更倾向于投资同一省份，或者自己有较深了解的行业企业（王会娟等，2021），以便实现规模经济。但企业自身的股价震荡风险是否影响本企业股东投资的其他企业尚未有文献证明，因此"同省份其他上市公司连锁股东均值"是一个合理的工具变量。此外，本节还进行了不可识别工具变量检验和弱工具变量检验（LM 值为 254.40、F 值为 287.18，远大于不可识别和弱工具变量所对应的特征值），进一步说明工具变量的选取恰当。表 3.8 列（3）、（4）为工具变量的回归结果，在第一阶段同省连锁股东均值（*Cross_m*）与连锁股东（*Cross*）的系数为是 0.7154（t 值为 16.95），符合预期。在第二阶段，连锁股东（*Cross*）与股价震荡风险（*Ncskew*）的系数是−0.4350（t 值为−2.47），通过了 5% 水平性检验，表明在缓解内生性问题后，本节假设 H3-1-1 的研究结论保持不变。

5. Heckman 二阶段

为了避免样本自选择导致的内生性问题，采用 Heckman 二阶段进行缓解。在第一阶段，以原模型中的所有控制变量作为自变量通过 Probit 模型进行回归，在此基础上计算出逆米尔斯比率（IMR），并将其放入第二阶段模型中加以控制，其回归结果如表 3.8 列（5）所示，连锁股东（*Cross*）与股价震荡风险（*Ncskew*）的系数是−0.0359（t 值为−2.78），表明在纠正样本自选择后，假设 H3-1-1 的研究结论依旧稳健。

（五）机制分析

1. 连锁股东、盈余管理与股价震荡风险

表 3.9 第（1）～（3）列为盈余管理在连锁股东降低股价震荡风险中的中介效应回归结果。首先，验证连锁股东对股价震荡风险的影响，列（1）表示连锁股东（*Cross*）与股价震荡风险（*Ncskew*）之间的负相关关系，系数为−0.0521（t 值为−2.86），说明连锁股东会显著降低股价震荡风险；其次，验证连锁股东对盈余管理的影响，从列（2）的回归结果可以看出，连锁股东（*Cross*）与盈余管理（*DA*）的系数为−0.0096（t 值为−4.93），即连锁股东有效抑制了企业的盈余管理问题；最后，将盈余管理加入连锁股东对股价震荡风险的回归模型，其回归结果如列（3）所示，盈余管理（*DA*）与股价震荡风险（*Ncskew*）间呈正相关，即盈余管理显著提升了股价震荡风险，系数为 0.2392（t 值为 4.15），而连

锁股东与股价震荡风险之间依旧为负相关，说明连锁股东通过降低盈余管理进而降低股价震荡风险。此外，保证中介效应的稳健性，本节还进行了 Sobel 检验（Z 值为 3.15），在 1% 水平上显著，说明盈余管理在连锁股东降低股价震荡风险中发挥中介效应。验证了本节的假设 H3-1-3。

表 3.9　盈余管理和经营风险的中介效应回归结果

变量	(1) Ncskew	(2) DA	(3) Ncskew	(4) Ncskew	(5) Risk	(6) Ncskew
Cross	−0.0521*** (−2.86)	−0.0096*** (−4.93)	−0.0498*** (−2.74)	−0.0598*** (−2.76)	−0.0071*** (−4.11)	−0.0554** (−2.56)
DA			0.2392*** (4.15)			
Risk						0.6117*** (6.68)
Controls	Yes	Yes	Yes	Yes	Yes	Yes
_cons	0.6148*** (5.15)	0.1092*** (8.52)	0.5887*** (4.92)	0.4789*** (3.42)	0.4103*** (2.65)	0.2397 (1.39)
R^2_adj	0.0925	0.0770	0.0931	0.0857	0.2201	0.0879
N	26128	26128	26128	18624	18624	18624

注：***、**、*分别表示 1%、5%、10% 的显著性水平，括号内为 T 值。

2. 连锁股东、经营风险与股价震荡风险

表 3.9 第（4）~（6）列为经营风险在连锁股东降低股价震荡风险中的中介效应回归结果。首先，验证连锁股东对股价震荡风险的影响，列（4）表示连锁股东（Cross）与股价震荡风险（Ncskew）之间的负相关关系，系数分为 −0.0598（t 值为 −2.76），说明连锁股东会显著降低股价震荡风险；其次，验证连锁股东对经营风险的影响，从列（5）的回归结果可以看出，连锁股东（Cross）与经营风险（Risk）的系数为 −0.0071（t 值为 −4.11），即连锁股东有效地降低了企业的经营风险；最后，将经营风险加入连锁股东对股价震荡风险的回归模型，其回归结果如列（6）所示，经营风险（Risk）与股价震荡风险（Ncskew）间呈正相

关，即经营风险显著提升了股价震荡风险，系数为 0.6117（t 值为 6.68），而连锁股东与股价震荡风险之间依旧为负相关，说明连锁股东通过降低经营风险进而降低股价震荡风险。此外，保证中介效应的稳健性，本节还进行了 Sobel 检验（Z 值为 3.28），在 1% 水平上显著，说明经营风险在连锁股东降低股价震荡风险中发挥中介效应。验证了本节的假设 H3-1-4。

四、结论与政策建议

（一）研究结论

在我国资本市场中，企业间由连锁股东形成的经济关联早已不足为奇。不同于以往的投资者，连锁股东具有两个明显特征：一是他们看重投资组合整体利益而不是其中一个企业能带来的投资利益，充分利用其掌握的内部消息促进所投资的企业进行合谋，获取更大的组合利益，从而形成"合谋效应"；二是他们自身通常掌握丰富的知识、公司治理经验以及资金资源，能够借助社会网络形成"治理协同效应"。本节从上述两个特点出发，以 2011~2021 年 A 股上市公司为研究对象，首先，验证了连锁股东对股价震荡风险的抑制作用；其次，将盈余管理和经营风险纳入研究框架，探究其在二者间的作用路径；最后，分析了在不同情境下连锁股东对股价震荡风险的影响。具体研究发现：

第一，连锁股东能够显著抑制股价震荡风险，且在经过工具变量法等一系列稳健性检验后，结论仍然成立。这主要是因为连锁股东"治理协同效应"发挥作用，不仅能发挥监督效应，凭借其在资本市场中的管理经验对管理者进行监督，减少管理层自利行为，还能作为企业间信息和资源流通的关联节点发挥信息与资源效应，优化市场信息环境，缓解股价震荡风险。

第二，验证了存在"连锁股东—盈余管理—股价震荡风险"和"连锁股东—经营风险—股价震荡风险"的影响路径，即连锁股东通过降低盈余管理和经营风险水平，进而缓解股价震荡风险。连锁股东借助于自身掌握的内部信息和公司治理经验，通过社会网络形成"治理协同效应"，为了避免自己的利益受损，有能力和动机对企业内部治理及投资决策发挥监督作用，及时察觉出管理层的不利行为，抑制管理层机会主义动机，进而抑制企业盈余管理，降低股价震荡的概率。也可以利用自身的资源效应，改善公司的经营业绩，提升管理层识别发展机会的能力，提高企业核心竞争力，缓解经营风险，进而降低股价震荡风险。

（二）政策建议

基于本节的研究结论，提出以下政策建议：

第一，我国企业应充分利用连锁股东具有的治理、资源和信息优势。企业应顺应连锁股东普遍存在的现象，在企业发展过程中引入连锁股东这一特殊股东形式，充分发挥连锁股东为企业生产经营活动带来的治理和信息优势，加强企业内部监督治理，提高内部控制质量，优化公司的信息环境，最大程度地减少管理者追求个人利益的行为，减少管理层的机会主义行为，降低经营风险，进而减少股价震荡的可能性。此外，要借助于连锁股东的经验或人脉资源优势，改善公司的经营业绩，选择合适的长期投资项目以提高企业核心竞争力，降低经营风险，缓解股价震荡风险。

第二，连锁股东应积极发挥自己的优势资源形成"治理协同效应"以降低企业风险。促进企业健康发展。虽然连锁股东会为了利益形成"合谋效应"，但这种做法是短视的，在瞬息万变的时代下，股东要想获得长久的利益来源，需要借助企业健康、稳定、可持续的生产经营活动。连锁股东应发挥自身的治理经验、资源条件、信息优势，改善企业内部治理水平，提高企业信息环境，抑制管理层不正当的盈余管理行为，提高公司经营业绩，降低经营风险，降低股价震荡风险，促进企业健康发展。

第三，政府部门应正确监管连锁股东。一方面，政府等有关部门要积极看待连锁股东给企业带来的帮助，尤其是竞争较为激烈、处于成长期的企业或者经"非四大"审计机构审计的企业，要采取相应的措施引导其发挥积极作用，顺应可持续发展的市场趋势，建立健康、稳定、高质量发展的企业机制，降低企业风险。另一方面，要谨防连锁股东存在合谋动机，政府部门要加强对这种短视现象的警觉与监管，加强对企业内部控制质量的把关，做到事前监督，以避免对资本市场带来负面影响，损害中小股东的财富。

第二节　董事会非正式层级与股价震荡风险

董事会作为企业高管团队的重要组成部分，其能否高效地履行监督职责取决于董事会成员的个人特征。董事会中的董事往往会根据其影响力和能力隐式地划分为非正式的层级，董事间清晰的非正式层级结构可以加强管理层在各种公司问题上的协调。具体而言，清晰的非正式层级结构减少了董事会中的混乱和破坏性冲突，从而提高了董事会互动的效率（He 和 Huang，2011）。李长娥等（2017）发现，董事会的非正式层级能够促进民营企业创新战略的发展；谢永珍等（2017）研究表明，董事会非正式层级对公司绩效具有正向影响；王凯等（2018）证实，非正式层级对公司战略变革具有促进作用。由于较高层级的董事通常拥有较多兼职，他们能够获取的信息和资源也相对较多，因而在专业方面更易享有较高的声誉（谢德仁等，2012）。董事会非正式层级的存在，增加了管理层在各种公司问题上的协调性（He 和 Huang，2011；Magee 和 Galinsky，2008）。因此，董事会非正式层级可能为解释股价震荡风险提供一个新的研究视角。尽管学界已经注意到董事会非正式层级的治理作用，但已有研究就主要集中于整体财务绩效层面（He 和 Huang，2011；张耀伟和陈世山，2015；曾江洪和何苹，2014）、技术创新绩效（曾江洪和肖涛，2015）、并购绩效的关系研究仍有待补充。因此，从董事会非正式层级的视角出发，研究其对股价震荡风险的影响是有意义的。由此，本节借鉴基尼系数的思想，以沪深 A 股上市公司为研究对象，实证研究董事会非正式层级与股价震荡风险之间的关系，为股价震荡风险的研究提供新的思路，以丰富有关领域的研究文献，对证券市场中上市公司的监管、中小投资者的保护、证券市场的发展等方面都有积极的参考意义。

一、理论分析与研究假设

层级是社会关系的特征之一，层级以各种形式存在于组织中。层级指领导者与下属之间的直线关系，命令从高层到底层按垂直的方向自上而下贯彻执行，呈现出从上到下的"金字塔"形的阶梯等级。层级状态以各种形式存在于组织中，对组织内部的沟通协调和内部秩序的维持起到了促进作用。组织中的领导人可以通过赋予的权力对组织的决策和成员的行为产生影响，层级状态有助于组织避免冲突（Magee 和 Galinsky，2008；Anderson 和 Brown，2010），更容易形成合谋。

（一）董事会非正式层级与股价震荡风险

内部治理机制在公司治理中做出决策的同时还可以做到咨询和监督职能。Fama（1980）认为，董事会互动的效率是决定董事会决策的效果的重要影响因素，甚至对公司的经营业绩造成显著的影响。Finkelstein 和 Mooney（2003）认为，董事会能否起到公司治理的作用，其成员间的交流与调节有着不可忽视的作用，非正式层级的不可预料的隐性互动过程对董事会的决策效率有关键的决定作用。Vandewaerde 等（2011）认为，当团队中上下级关系特别清晰时，团队的经营运行主要依靠正式层级，基于在团队中上级是具有一定的权威地位的，下级要服从上级的指令并严格执行。然而董事会决策的方式不尽相同，依照基于平等的原则一人一票进行决策，平等地使用权力。He 和 Huang（2011）认为，成员决策的职能依靠会议表决的方式履行，而不能按照正式的制度制约董事会成员，此时正式层级能起的效果特别有限。从这个角度看，团队中如果没有较为清晰的上下级关系、层级结构较为模糊时，董事会成员之间的相互交流和沟通过程是影响董事会运作效率的重要因素。然而在非正式层级结构中，董事会个人的特征发挥了极为关键的作用。

资源依赖理论指出，为了增强应对外部环境变化的能力，公司会聘用具有专业背景和丰富人际关系的成员就任董事，他们能给公司带来丰富的资源。刘浩等（2012）认为，董事成员具有各种背景能够更大程度地履行咨询的职能，给公司提供特需的资源进而增强应对外部环境的能力，降低外部环境的不确定性，从而促进公司的稳定发展。Fama 和 Jensen（1983）根据论述的声誉前提，认为董事成员可以积极说明自己的想法、充分参与决策和保护公司的根本利益，进而维护自己的声誉。Berger 等（1980）提出期望状态理论，认为如果董事成员具有的个体特征和组织团队的所需的资源一样，则其他董事成员给予他的期望就高，进而他在公司的地位就越高。Ridgeway 和 Johnson（1990）认为，组织中一定的秩序可以帮助公司实现其经营目标。董事会成员之间是相互平等的并且相关决策需要一起讨论才能达成一致意见，这时非正式层级在其中能起到很重要的作用。He 和 Huang（2011）认为，董事会内部虽然没有明显的上下级关系，但非正式层级使得地位层级低的董事成员会比较尊重地位层级高的董事成员，进而在董事会会议进行决策时地位层级低的董事成员会更偏向于听从地位层级高的董事的决定，从而非正式层级会使得成员之间的冲突矛盾减少，更快速度地形成一致的意见。

基于关系契约理论的观点，一般来说，鉴于减少失败决策的原因，那些高风险的决策可能很难通过，而相对来说保守的决策更容易通过。在董事会中董事成员之间相互平等，在进行高风险的决策时很大概率会造成冲突、产生不一致的意见。当董事会层级清晰时，董事会非正式层级的确立会在内部形成一定威望，提高在进行群体决策时的效率，成员们在进行交流和沟通时产生的冲突就会减少，从而在决策时能够高效地协调隐瞒负面消息，进而增大股价震荡风险的可能性。相反，董事会非正式层级不那么清晰时，董事成员间的交流和沟通会消耗许多时间，成员间的冲突不能很快地达成一致意见，从而不利于隐瞒负面消息。

通常而言，有效的公司治理机制能够对公司的风险承担有着重要的决定作用，然而公司治理结构中最重要的参与者是董事会。当公司管理者试图隐瞒负面消息时，董事会成员间的非正式层级可能会配合管理者抑制董事会成员不一致的意见，从而加剧公司未来的股价震荡风险。He 和 Huang（2011）认为，在面对董事会非正式层级清晰时，层级较低的董事在一定程度上更加尊重、敬佩层级较高的董事，并且层级较低的董事成员更加倾向于听取层级较高的董事的想法，层级较高的董事在决策时发挥领头作用。在一定程度上，层级较高的董事通常对公司的经营给予很多关注，他们关心公司的发展，更偏好注重他们的职业和薪酬待遇（Piotroski 等，2015；Xu 等，2014），因此他们会更愿意压制负面消息（Jebran 等，2019）。尽管董事会其他董事成员不太同意管理层隐瞒负面消息的想法，但董事会中清晰的非正式层级会减少成员形成不一致意见的可能性，从而降低层级较低的董事会成员发表不一致意见的概率，并且促进董事会隐瞒负面消息的想法的一致性。这样看来，当董事会成员之间的非正式层级清晰时，董事会成员更加愿意协调隐瞒负面消息，而不太可能在是否或何时发布负面信息上有分歧冲突，这在一定程度上可能增加股价震荡风险。据此，提出本节假设 H3-2-1：

H3-2-1：董事会非正式层级与股价震荡风险之间呈正相关关系，即董事会中的非正式层级越清晰，未来股价震荡的风险就越高。

（二）董事会非正式层级、环境不确定性与股价震荡风险

公司与外部环境的联系非常密切，公司的经营运行不会脱离于外部环境，会受到所在行业、市场形势等外部因素的影响。Hambrick 和 Mason（1984）研究团队异质性发现，当公司处在高度的环境不确定的情况时，董事会成员的特征将体现得更明显，会发挥更大的作用。当公司的外部经营环境不确定性较大时，容易出现沟通问题，信息获取的能力下降，董事会成员想要高效地做出有效的决策，这时正式制度的作用将会被减弱，非正式的制度在董事会中的协调作用将加强（Gabrielsson 等，2007）。董事会非正式层级的高低地位的董事成员会由于信任、尊重等情感因素产生契约的关系，当环境不确定性较高时，成员间能够更高效地进行信息的获取和交流，更容易促成一致意见，从而有利于隐瞒负面消息进而导致股价震荡风险。

一般来说，公司经营环境是不断发生变化的。当外部环境不确定性较高时，公司的经营状况不确定性更大，董事会成员面对的管理现状和要做出的经营决策会导致不准确性较高，做出的决策不利于公司的发展，对公司及时调整决策产生不利影响，从而造成公司面临更大的经营管理风险，这表现在股票市场上时就会引起股票价格的波动，在一定程度上会影响投资者对公司投资的信心和决心，进而股票市场上投资者进行大量抛售的概率就会增大。所以，相比于公司较低的环境不确定性，公司面对的环境不确定性较高时，董事会非正式层级在其中能够发挥更大的作用，进而对股价震荡风险的影响更为显著。除此之外，苗丹（2017）研究发现，当公司面临的环境不确定性较高时，董事层级较高的董事成员基于维护自身利益最大的原则，会加大发生盈余管理和粉饰财务报表行为的概率，隐藏那些不利于公司经营状况的负面消息，进而对财务信息的质量产生不利影响，从而导致股价震荡风险。据此，提出本节假设 H3-2-2：

H3-2-2：环境不确定性越高，董事会非正式层级与股价震荡风险的正相关关系越显著。

二、研究设计

(一) 样本选择与数据来源

本节以 2010~2020 年我国 A 股上市公司作为研究样本。本节对初始数据进行了如下剔除：

（1）剔除金融类的上市公司；

（2）剔除带 ST、*ST 类公司的观测值；

（3）在衡量股价震荡风险指标时，剔除年度交易小于 30 周的样本，以排除企业上市、退市、停牌等极端因素的影响；

（4）剔除重要数据缺失的观测值；

（5）剔除资产负债率大于 1 的上市公司观测值；

（6）为避免极端值的影响，对本节所涉及的连续变量，在 1% 和 99% 的水平上进行缩尾处理。

经过以上筛选过程，最终获得 25776 个观测值。本节研究所用的数据来自国泰安数据库 CSMAR，使用 Excel 和 Stata 软件进行数据分析。

(二) 变量的定义与计量

1. 董事会非正式层级清晰度

参考 He 和 Huang（2011）、武立东等（2018）的做法，使用 $Gini$ 系数度量董事会非正式层级的清晰度：

$$G = 2Cov\ (y,\ r_y)\ /n\bar{y} \tag{3.7}$$

式中，G 为 $Gini$ 系数，表示董事会非正式层级；y 表示公司中每位董事兼任外部董事的数量；r_y 表示按照兼职数量在董事会中的排序；$Cov\ (y,\ r_y)$ 表示 y 与 r_y 的协方差；n 表示董事会规模；$\bar{y}$ 表示 y 的平均值，董事会中董事成员的平均在外兼职的数量。$Gini$ 系数的取值区间是 0~1。如果 $Gini$ 系数靠近 0，表示董事会成员间地位差异不明显，董事会内部非正式层级的清晰度较低；$Gini$ 系数靠近 1，表示董事会成员间地位差异明显，董事会内部非正式层级的清晰度较高。

2. 调节变量

参照已有文献（廖义刚等，2016），采用经过行业调整过的公司过去 5 年的销售收入的标准差来衡量公司的环境不确定性。

首先，用普通最小二乘法估计过去 5 年的非正常的销售收入。采用式 3.8 计算。

$$Sales = \varphi_0 + \varphi_1 year + \varepsilon \tag{3.8}$$

式中，$Sale$ 为销售收入；$Year$ 为年度变量，$Year = 1$ 代表观测值是过去第 4 年的，过去第 3 年、过去第 2 年、过去第 1 年、当年的分别是 $Year = 2$、$Year = 3$、$Year = 4$、$Year = 5$ 代表的观测值；残差 ε 即是非正常销售收入。

其次，得出没有经过行业调整的环境不确定性，由过去 5 年非正常销售收入的标准差除以过去 5 年销售收入的平均值计算得到。

最后，得到经行业调整后的环境不确定性，用没有经过行业调整的环境不确定性与公司所在行业所有公司未经行业调整的环境不确定性的中位数的比值，并对环境不确定性（EU）按照年度取中位数，建立虚拟变量，当环境不确定性大于其中位数时，EU 取 1，代表公司面对的环境不确定性较高；反之取 0，代表公司面对的环境不确定性较低。

3. 控制变量

参照以往文献（Hutton 等，2009；Kim 等，2011a，2011b；叶康涛等，2015），本节还控制了以下因素：周收益标准差（$Sigma$）、账面市值比（MB）、平均周特定收益率（Ret）、公司规模（$Size$）、资产负债率（Lev）、总资产净利润率（Roa）、两职合一（$Dual$）、股权制衡度（$Shrz$）。此外，还控制了行业（Ind）和年度（$Year$）固定效应。其中，账面市值比（MB）为总资产与市值的比值；两职合一（$Dual$）为虚拟变量，当董事长与其公司的总经理是同一人时为 1，反之为 0。其他变量定义与上文表 3.1 相同。

（三）模型的构建

为了验证假设 H3-2-1，构建模型（3.9），检验董事会非正式层级与股价震荡风险的相关性。

$$Crash_{i,t+1} = \alpha_0 + \alpha_1 Hierarchy_{i,t} + Controls_{i,t} + \varepsilon_{i,t} \tag{3.9}$$

为了验证假设 H3-2-2，设计模型（3.10），检验经济不确定性对董事会非正式层级与股价震荡风险相关性的调节作用。

$$Crash_{i,t+1} = \beta_0 + \beta_1 Hierarchy_{i,t} + \beta_2 Hierarchy_{i,t} \times EU_{i,t} + Controls_{i,t} + \varepsilon_{i,t} \tag{3.10}$$

$Hierarchy \times EU$ 变量为董事会非正式层级与环境不确定性的交互项。

三、实证分析

（一）描述性统计分析

样本公司的描述性统计结果如表 3.10 所示，负偏态收益系数（*Ncskew*）的最小值和最大值为 -2.403 和 1.698，其标准差为 0.716；股票收益上下波动比率（*Duvol*）的最小值为 -1.348，最大值为 1.048，其标准差为 0.478，表明样本各公司的股价震荡风险存在显著差异。董事会非正式层级（*Hierarchy*）的均值为 0.159，中位值为 0.152，其标准差为 0.062，表明样本公司的确存在着董事会非正式层级。

表 3.10　主要变量的描述性统计

变量	N	mean	median	sd	min	max
Ncskew	25776	-0.280	-0.237	0.716	-2.403	1.698
Duvol	25776	-0.184	-0.185	0.478	-1.348	1.048
Hierarchy	25776	0.159	0.152	0.062	0.048	0.322
Ret	25776	-0.001	-0.001	0.002	-0.01	0.001
Sigma	25776	0.045	0.044	0.015	0.017	0.085
Lev	25776	0.428	0.420	0.209	0.049	0.931
Roa	25776	0.056	0.075	1.139	-174.9	21.35
MB	25776	0.338	0.316	0.161	0.029	0.777
Size	25776	22.19	22.02	1.305	19.63	26.16
Dual	25776	0.268	0	0.443	0	1
Shrz	25776	0.725	0.558	0.613	0.028	2.846

此外，控制变量的整体情况与其他研究相近，其中：资产负债率（*Lev*）的均值为 0.428，中位值为 0.420，表明样本公司的资产负债率处在一个合理的水平；总资产净利润率（*Roa*）均值为 0.056，中位值为 0.075，表明样本公司整体财务状况较好；公司规模（*Size*）最小值和最大值为 19.63 和 26.16，标准差是 1.305，均值为 22.19，表明样本公司资产规模存在一定差别；两职合一（*Dual*）均值为 0.268，表明约有 26.8% 的公司存在着董事长与总经理兼任的情况；股权制衡度（*Shrz*）最小值和最大值为 0.028 和 2.846，标准差为 0.613，表明样本不

同公司的股权制衡差别较大，均值为 0.725，中位值为 0.558，均值大于其中位值，表明股权制衡度呈现右偏分布。

（二）相关性分析

本节做了相关性分析以便初步了解各变量的相关性，鉴于篇幅有限并未列示相关表格。非正式层级清晰度（*Hierarchy*）与股价震荡风险（*Ncskew* 和 *Duvol*）之间的皮尔逊相关系数分别为 0.021 和 0.021，且都在 1% 的水平下显著。说明董事会非正式层级与股价震荡风险存在着正相关关系，初步验证了本节假设 H3-2-1。此外，本节所选取的控制变量均与 *Ncskew* 和 *Duvol* 显著相关，说明所选用的变量是有效的。为了保证结果的稳健性，本节进行了方差膨胀系数检验，发现 VIF 值均不超过 3，结果表明不存在严重的多重共线性。

（三）回归结果分析

1. 董事会非正式层级与股价震荡风险

表 3.11 第（1）~（2）列显示，模型在未加入控制变量的情况下，*Hierarchy* 的回归系数分别为 0.254 和 0.168，且都在 1% 的水平下显著。第（3）~（4）列显示，加入所有控制变量后，*Hierarchy* 的回归系数分别为 0.200 和 0.135，且都在 1% 的水平下显著，假设 H3-2-1 得证。即董事会内部形成的非正式层级时，董事更有可能协调压制负面消息，进而推升公司股价震荡风险。

表 3.11　董事会非正式层级与股价震荡风险

变量	（1） *Ncskew*	（2） *Duvol*	（3） *Ncskew*	（4） *Duvol*	（5） *Ncskew*	（6） *Duvol*
Hierarchy	0.254 *** (3.18)	0.168 *** (3.32)	0.200 *** (3.21)	0.135 *** (3.08)	0.184 *** (2.94)	0.122 *** (2.78)
EU					0.050 *** (6.19)	0.037 *** (6.56)
Hierarchy×EU					0.322 *** (2.67)	0.191 ** (2.25)
Ret			293.986 *** (97.27)	157.517 *** (74.06)	293.349 *** (97.08)	157.045 *** (73.87)
Sigma			17.292 *** (41.90)	7.590 *** (26.14)	16.863 *** (40.37)	7.273 *** (24.74)

续表

变量	(1) Ncskew	(2) Duvol	(3) Ncskew	(4) Duvol	(5) Ncskew	(6) Duvol
Lev			−0.051 * (−1.83)	0.012 (0.64)	−0.062 ** (−2.24)	0.004 (0.22)
Roa			0.001 (0.17)	0.002 (0.82)	0.001 (0.21)	0.002 (0.85)
MB			−0.011 (−0.34)	0.047 ** (2.01)	−0.046 (−1.38)	0.021 (0.90)
Size			−0.039 *** (−10.13)	−0.044 *** (−16.21)	−0.035 *** (−8.99)	−0.041 *** (−14.93)
Dual			0.021 ** (2.48)	0.017 *** (2.86)	0.018 ** (2.03)	0.015 ** (2.38)
Shrz			0.026 *** (4.20)	0.023 *** (5.33)	0.024 *** (3.79)	0.022 *** (4.89)
Year/Ind	Yes	Yes	Yes	Yes	Yes	Yes
_cons	−0.422 *** (−8.90)	−0.331 *** (−10.99)	0.313 *** (3.42)	0.675 *** (10.49)	0.298 *** (3.27)	0.661 *** (10.32)
R^2_adj	0.033	0.039	0.313	0.236	0.314	0.238
N	25776	25776	25776	25776	25776	25776

注：***、**、*分别表示1%、5%、10%的显著性水平，括号内为T值。

此外，总资产净利润率（Roa）与 Ncskew 和 Duvol 呈现正相关关系，说明账面利润越多的公司越可能进行粉饰行为，隐藏负面消息从而加剧了股价发生震荡。值得关注的是，资产负债率（Lev）、账面市值比（MB）与 Ncskew 和 Duvol 两个度量指标之间具有负相关的关系，这里可能的解释是，由于资产负债率越高企业的财务风险越大，账面市值比越高说明公司的股票越不被看好，这两个指标在某种程度上已经释放了风险，相当于揭露了企业的坏消息，因此反而降低了公司未来发生股价暴跌的可能。平均周特定收益率（Ret）、收益的波动（Sigma）与 Ncskew 和 Duvol 两个度量指标都在1%的显著性水平下显著正相关。同时，两职合一（Dual）和股权制衡度（Shrz）与 Ncskew 和 Duvol 都在1%的水平下显著。表明董事长与总经理两职合一和股权制衡度与股价发生震荡的概率正向相关。

2. 董事会非正式层级、环境不确定性与股价震荡风险

表3.11 第（5）~（6）列展示了环境不确定性对董事会非正式层级与股价震荡风险的调节作用，交互项 *Hierarchy×EU* 的回归系数分别为 0.322 和 0.191，且都在 1%的水平下显著，表明环境不确定性会加剧董事会非正式层级对公司股价震荡风险的负面影响，假设 H3-2-2 成立。这是因为当外部环境不确定性较高时，公司的经营状况不确定性更大，董事会做出错误决策的可能性更高，使公司面临更大风险，进而引起公司股价的暴跌震荡。此外，当环境不确定性较高时，董事会成员间为了应对风险和瞬息万变的市场动态，更容易促成一致意见，从而有利于隐瞒负面消息进而导致股价震荡风险。

（四）稳健性检验与内生性处理

1. 替换被解释变量

参考江轩宇和许年行（2015）的研究，选用股票暴跌概率 *Crash_P* 作为公司股价震荡风险的替代变量。表 3.12 第（1）~（2）列显示，*Hierarchy* 对于 *Crash_P* 的回归系数分别为 0.080 和 0.068，均在 1%和 5%的水平下显著，这和前面的结果是一致的，假设 H3-2-1 稳健。

表 3.12 稳健性检验——替换变量及变更样本期间

变量	(1) Crash_P	(2) Crash_P	(3) Ncskew	(4) Duvol	(5) Ncskew	(6) Duvol
Hierarchy	0.080*** (2.62)	0.068** (2.24)	0.180*** (2.78)	0.113** (2.46)	0.192*** (2.92)	0.128*** (2.76)
Roa		-0.001 (-0.32)	0.001 (0.22)	0.002 (0.88)		
Tobin's Q					0.020*** (3.95)	0.015*** (4.12)
Controls	No	Yes	Yes	Yes	Yes	Yes
Board		-0.006 (-1.51)	0.023*** (2.60)	0.019*** (2.93)	-0.011** (-2.44)	-0.009** (-2.41)
Indr		-0.002 (-0.56)	0.029*** (4.47)	0.026*** (5.68)	-0.001* (-1.89)	-0.001* (-1.86)
_cons	0.133*** (7.30)	0.389*** (8.79)	0.158* (1.68)	0.617*** (9.26)	0.218** (2.17)	0.653*** (9.22)

续表

变量	(1) Crash_P	(2) Crash_P	(3) Ncskew	(4) Duvol	(5) Ncskew	(6) Duvol
R^2_adj	0.009	0.054	0.335	0.245	0.313	0.237
N	25690	25690	23693	23693	25776	25776

注：***、**、*分别表示1%、5%、10%的显著性水平，括号内为T值。

2. 变更样本区间

考虑到中国股票市场在2015年出现了较大的波动，可能会对董事会内部非正式层级与公司的股价震荡风险的回归结果造成影响。因此，采用剔除2015年后的数据重新进行回归，结果如表3.12列（3）和列（4）所示，结果依旧显著，验证了前文假设H3-2-1。

3. 调整控制变量指标

参考现有文献，对控制变量指标进行如下调整：①将总资产净利润率（Roa）替换为Tobin's Q值（李小青和吕靓欣，2017）。其中，Tobin's Q数据来源于国泰安（CSMAR）数据库。②添加董事会规模（Board）和独立董事比例（Indr）两个可能影响股价震荡的公司治理指标（叶康涛等，2015）。结果如表3.12所示，第（5）~（6）列董事会非正式层级Hierarchy与Ncskew的回归系数为0.192，与Duvol的回归系数为0.128，且都在1%的显著性水平下显著，假设H3-2-1稳健。

4. 倾向得分匹配法（PSM）

采用倾向得分匹配的方法解决可能产生的内生性问题。

首先，分年度、分行业以变量Hierarchy的平均值为标准设置处理组与控制组，分别是高董事会非正式层级清晰度和低董事会非正式层级清晰度。当样本Hierarchy大于该平均值时，将样本分为董事会内部的非正式层级的清晰度较高组；当样本小于该平均值时，将样本分为董事会内部的非正式层级的清晰度较低组。

其次，选择有放回的1:1近邻匹配方法对样本进行匹配，并对匹配前后的结果进行了平衡性检验，结果如表3.13所示。

表 3.13 平衡性检验

变量	Unmatched Matched	Mean		%bias	%reduct |bias|	T-test	
		Treated	Control			T 值	P 值
Ret	U	−0.00146	−0.00136	−5.8	56.1	−4.66	0.000
	M	−0.00146	−0.00148	1.0		0.72	0.473
Sigma	U	0.04576	0.044	12.1	44.6	9.71	0.000
	M	0.04576	0.04584	−0.6		−0.45	0.650
Lev	U	0.41199	0.44181	−14.3	83.9	−11.41	0.000
	M	0.41202	0.40916	1.4		1.06	0.291
Roa	U	0.05133	0.05975	−0.7	12.9	−0.59	0.555
	M	0.06638	0.06121	0.4		1.21	0.228
MB	U	0.34131	0.33444	4.3	95.5	3.41	0.001
	M	0.34132	0.34142	−0.1		−0.04	0.965
Size	U	22.089	22.28	−14.8	76.1	−11.76	0.000
	M	22.089	22.073	1.2		0.98	0.325
Dual	U	0.31553	0.22854	19.6	86.1	15.77	0.000
	M	0.31555	0.3085	1.6		1.16	0.246
Shrz	U	0.76144	0.69592	10.7	91.2	8.56	0.000
	M	0.76134	0.76748	−1.0		−0.75	0.456

根据表 3.13 的平衡性检验结果，匹配后样本的标准化偏差都在 10% 以内，且 t 检验通过了处理组以及控制组的无系统性差异的原假设，显示匹配结果良好。

最后，基于匹配后的样本进行回归，结果如表 3.14 第（1）~（2）列所示，董事会非正式层级 Hierarchy 与 Ncskew 和 Duvol 回归的系数分别为 0.327 和 0.214，且在 1% 的显著性水平下显著，说明董事会非正式层级与股价震荡风险存在着正相关关系，与主回归一致，假设 H3-2-1 结论稳健。

表 3.14 稳健性检验——倾向得分匹配法及固定效应

变量	（1）Ncskew	（2）Duvol	（3）Ncskew	（4）Duvol
Hierarchy	0.327***	0.214***	0.200***	0.135***
	(3.65)	(3.64)	(3.03)	(2.93)

续表

变量	（1） Ncskew	（2） Duvol	（3） Ncskew	（4） Duvol
Controls	Yes	Yes	Yes	Yes
_cons	0.081 (0.60)	0.626 *** (7.08)	0.313 *** (3.12)	0.675 *** (9.34)
$R^2\_adj/Within\text{-}R^2$	0.310	0.246	0.298	0.231
N	13835	13835	25776	25776

注：***、**、*分别表示1%、5%、10%的显著性水平，括号内为T值。

5. 固定效应模型

出于考虑到研究样本的个体存在差异性和时间跨度的问题，运用固定效应模型的方法再次检验，回归结果如表3.14第（3）~（4）列所示，董事会非正式层级 Hierarchy 与 Ncskew 和 Duvol 的系数分别为 0.200 和 0.135，且都在 1% 的水平下显著，调整后显著性仍未发生变化，假设 H3-2-1 的结论稳健。

（五）机制检验——董事会会议次数的中介效应

董事会会议是董事成员实现知情权和参与公司治理的重要方式（Zahra，2003）。董事会成员间的互动决定了董事会的治理效率，而董事会间的互动程度则是通过成员参加会议的方式体现（Forbes 和 Milliken，1999）。已有研究结果显示，董事会召开的会议次数反映了事会成员之间的互动程度，在董事行为中发挥了显著的作用（Garg 等，2018）。董事会成员通过参加董事会的会议参与决策、履行职能，从而对股价震荡风险造成影响。

结合关系契约理论，董事会非正式层级可以在成员之间形成信任和尊重等情感，使得地位较低的董事成员更倾向于同意和接受地位较高层级的董事的意见。董事会非正式层级越清晰，越有利于帮助协调董事会的互动过程，增加董事会之间的互动强度，促使董事会成员很快形成一致意见，减少不一致意见发生的可能性。因此，清晰的董事会非正式层级可以减少冲突，董事会成员更加愿意协调隐瞒负面消息，而不太可能在是否或何时发布负面信息上有冲突的分歧，这在一定程度上可能增加股价震荡风险。基于此，本节将从董事会会议次数（Meeting）的角度进行中介效应检验，分析其具体的作用机制。

与前文一致，采用温忠麟等（2004）的中介效应模型，其回归结果如表3.15所示。其中，第一步回归结果列（1）和列（2），董事会非正式层级 *Hierarchy* 对 *Ncskew* 的回归系数为0.200，对 *Duvol* 的回归系数为0.135，都在1%的显著性水平下显著正相关，与主效应回归部分一致；第二步回归结果列（3），*Hierarchy* 系数在1%的显著性水平下显著，说明董事会非正式层级增加了董事会会议次数；第三步将董事会非正式层级 *Hierarchy* 与中介变量 *Meeting* 同时放入模型中进行检验时，发现董事会召开的会议次数对股价震荡风险有着显著的影响，反映董事会召开的会议次数同样能够正向影响股价震荡风险。另外，第三步检验中 *Hierarchy* 对于 *Ncskew* 和 *Duvol* 回归系数为0.187和0.125，且均在1%的水平下显著，并且列（4）和列（5）中的董事会的非正式层级的回归系数皆低于第一步检验中的回归系数，表明董事会的非正式层级、董事会会议次数与股价震荡风险三者之间存在部分中介效应，即董事会的非正式层级会增多董事会会议召开的次数，董事成员互动程度越强并且能够得到的信息越丰富，从而使得董事成员关于预期地位的差异所形成的看法共识越强，有利于隐藏坏消息进而推升股价震荡风险。

表3.15　机制检验的回归结果

变量	（1） *Ncskew*	（2） *Duvol*	（3） *Meeting*	（4） *Ncskew*	（5） *Duvol*
Hierarchy	0.200*** （3.21）	0.135*** （3.07）	3.887*** （10.47）	0.187*** （2.99）	0.125*** （2.84）
Meeting				0.003*** （3.34）	0.003*** （3.41）
Controls	Yes	Yes	Yes	Yes	Yes
_cons	0.312*** （3.42）	0.674*** （10.48）	−9.715*** （−17.85）	0.346*** （3.77）	0.699*** （10.80）
R^2_adj	0.313	0.236	0.149	0.313	0.237
N	25764	25764	25764	25764	25764

注：***、**、*分别表示1%、5%、10%的显著性水平，括号内为T值。

（六）进一步分析

1. 产权性质的影响

由于国有企业与非国有企业在董事会成员的任免、人员构成、薪酬方案等方面存在差别，因此从产权性质来探究董事会内部的非正式层级对公司的股价震荡风险的影响有何差异是非常重要的。

为了进一步探究产权性质有所不同时，董事会非正式层级对股价震荡风险的影响，本节将研究样本分为国有企业组以及非国有企业组。回归结果如表 3.16 所示，非国有企业的 *Hierarchy* 对于 *Ncskew* 的回归系数为 0.156，且在 5% 的显著性水平下显著；对于 *Duvol* 回归系数为 0.099，且在 10% 的显著性水平下显著。国有企业的 *Hierarchy* 对于 *Ncskew* 和 *Duvol* 都不显著。这说明在非国有企业中董事会非正式层级对股价震荡风险的影响更明显。

表 3.16　产权性质分组

变量	国有企业		非国有企业	
	Ncskew	*Duvol*	*Ncskew*	*Duvol*
Hierarchy	0.130 (1.09)	0.135 (1.55)	0.156** (2.07)	0.099* (1.71)
Controls	Yes	Yes	Yes	Yes
_cons	0.273* (1.91)	−0.384*** (−3.68)	0.351*** (2.76)	−0.279*** (−2.87)
R^2_adj	0.280	0.175	0.334	0.205
N	9545	9545	15749	15749

注：***、**、*分别表示 1%、5%、10%的显著性水平，括号内为 T 值。

究其原因在于国有企业的股东是政府，可以有更多的资源和政策上的优势，而非国有企业更相对来说需要拥有丰富社会资源和广阔人际关系的董事，这些董事可以提供稀缺资源，不仅对其他董事成员产生重要影响，而且对公司决策有举足轻重的作用。这种情况下，非国有企业的董事会层级更便于达成一致，共同隐藏坏消息，进而推升了公司股价震荡风险。一般来说，国有企业聘用董事会成员大多由政府委派或任免，董事会成员做决策时不仅考虑盈利目标，还可能关注社会影响、政治晋升等目的。此外，国有企业中董事会成员间行政分级的差异也抑制了非正式层级发挥的作用。这些因素共同导致了国有企业的董事会成员对股价震荡风险的影响更不显著。

2. 董事会规模的影响

从资源依赖理论的角度看，董事会规模越大，董事成员之间的认知冲突越多；董事会规模越小，董事会的决策效率越高，越有利于隐藏坏消息进而对股价震荡风险产生影响。因此，在董事会规模存在差别时，非正式层级对股价震荡风险造成的影响也会有所差别。

为了进一步探究董事会的规模不同时，董事会非正式层级对股价震荡风险的影响有何不同，本节根据董事会的规模的中位数把研究样本划分成两组。回归结果如表 3.17 所示，在董事会规模小时，$Ncskew$ 和 $Duvol$ 的系数为 0.189 和 0.153，都在 1% 的显著性水平下显著；在董事会规模大时，$Ncskew$ 和 $Duvol$ 的系数为 0.222 和 0.211，未通过显著性检验。这表明董事会规模越小，董事会中非正式层级与股价震荡风险的正相关关系越显著。也就是说，董事会的规模大小可以影响董事之间非正式层级的作用，董事会的规模越大，董事会中董事成员之间的稳定性不强并且董事成员之间互动的强度较弱，较大的董事会通常具有较弱的非正式层级，因为大量董事之间互动的复杂性使得这种层级不那么清晰和稳定（He 和 Huang，2011）。此外，一旦董事会中的董事形成等级顺序，则董事在与其他董事会成员互动时必须回忆起他们的等级（Tversky 和 Kahneman，1974）。因为更大的董事会有更多的董事，这种董事会的董事在回忆他们在非正式层级中的等级顺序时要承受更大的认知负担，削弱了其效果（Finkelstein 和 Mooney，2003）。董事会规模越大，董事成员间关于认知矛盾冲突越多。因此，当董事会规模较大时，内部形成的非正式层级对公司的股价震荡风险的影响会被削弱。相比之下，较小董事会中董事间的非正式层级更为清晰，因为他们之间的互动相对简单，规模较小时董事会的决策效率较高，有利于坏消息的隐藏。由于董事会规模较小，较小董事会的董事可以相对容易地回忆起他们的排名顺序。因此，在董事会规模不同时，非正式层级对股价震荡风险造成的影响也会有所不同。非正式的等级制度在较大的董事会上的影响力可能不如在较小的董事会上的影响力大。

表 3.17　董事会规模的分组

变量	董事会规模较大组		董事会规模较小组	
	Ncskew	*Duvol*	*Ncskew*	*Duvol*
Hierarchy	0.222 (1.08)	0.211 (1.42)	0.189*** (2.84)	0.153*** (3.01)
Controls	Yes	Yes	Yes	Yes
_cons	0.388 (1.62)	−0.398** (−2.28)	0.313*** (3.10)	−0.306*** (−3.98)
R^2_adj	0.246	0.166	0.326	0.195
N	3822	3822	21954	21954

注：***、**、*分别表示1%、5%、10%的显著性水平，括号内为T值。

3. 机构投资者持股比例的影响

为了进一步探究机构投资者持股比例不同时董事会非正式层级对股价震荡风险的影响，本节根据机构投资者的持股比例的中位数把研究样本划分成两组。回归结果如表 3.18 所示，在持股比例高组，*Ncskew* 和 *Duvol* 的系数为 0.309 和 0.242，在 1%的显著性水平下显著，在持股比例低组，*Ncskew* 和 *Duvol* 的系数为 0.126 和 0.085，未通过显著性检验。这表明机构投资者持股比例越高，两者的正相关关系越显著。机构投资者相较于一般投资者本身具备一定的专业素质和财力，虽然大多的机构投资者不能参与董事会的决策，但存在董事会非正式层级时，机构投资者的行为会受到地位高的董事的决策影响进而影响股价震荡风险。

表 3.18　机构投资者持股比例的分组

变量	机构持股比例高组		机构持股比例低组	
	Ncskew	*Duvol*	*Ncskew*	*Duvol*
Hierarchy	0.309*** (3.23)	0.242*** (3.79)	0.126 (1.02)	0.085 (1.06)
Controls	Yes	Yes	Yes	Yes
_cons	−0.776*** (−5.64)	−0.302*** (−3.28)	−0.952*** (−4.39)	−0.195 (−1.37)
R^2_adj	0.251	0.190	0.264	0.200
N	13671	13671	9087	9087

注：***、**、*分别表示1%、5%、10%的显著性水平，括号内为T值。

四、研究结论与政策建议

（一）研究结论

本节以2010~2020年沪深两市A股上市公司为样本，在度量董事会非正式层级的基础上，研究其对股价震荡风险的影响，并且探究了环境不确定性对两者关系的调节效应，在进行稳健性检验后，探究了董事会非正式层级对股价震荡风险的作用机制，并进一步分析了产权性质和股权性质中的机构投资者比例对这二者关系的影响有何差异。经过以上分析，最终得出五点研究结论：

第一，董事会非正式层级与股价震荡风险存在着正相关关系。董事会成员之间的非正式层级帮助管理层增加对负面消息的囤积，进而对股价震荡风险造成不利影响。究其原因在于董事会内部存在非正式层级的作用，虽然董事会内部成员之间没有上下级关系，但地位层级低的董事成员会更加愿意听从地位高的董事成员的意见，因此这种非正式层级有助于减少矛盾，从而很快形成一致意见，有利于隐瞒负面消息。由于隐瞒负面消息是股市震荡风险的已知先兆，我们的研究通过将董事会非正式等级制度确定为股价震荡的原因，加深了对股市震荡原因的理解。

第二，环境不确定性能够正向调节董事会非正式层级与股价震荡风险的正相关关系。当面临环境不确定性较高时，经营的不确定较大，董事会非正式等级的存在能帮助公司获得其他外部稀缺资源，从而使地位低的董事成员更加愿意服从地位高的董事成员的意见，较快地形成一致看法，有利于增加对负面消息的隐瞒。因此，环境不确定性能够正向调节董事会非正式等级与股价震荡风险的正相关关系。

第三，在区分产权性质后发现，非国有企业中董事会非正式层级对股价震荡风险的影响更显著。与国有企业相比，非国有企业更倾向于看重利润，非国有企业的董事会成员薪酬激励和职业风险要强于国有企业，国有企业董事会成员隐瞒坏消息的动机概率更小，非国有企业隐瞒坏消息的动机的概率更大。另外，非国有企业的在选择董事成员时更注重于市场层面的竞争，董事会成员的自主性得到有效发挥，而国有企业的行政层级制度更加明显，不利于董事会成员发挥其作用。

第四，董事会规模越小，董事会非正式层级对股价震荡风险正相关关系越显著，当董事会规模较大时，两者不存在显著的相关性。这是因为规模较小的董事会，成员间的互动越简单，而非正式层级较高的董事成员由于具有较高的人力资本和社会资本，更容易使层级较低的董事顺从其意见，有利于隐藏负面消息，从而对股价震荡风险产生负面影响。规模较大的董事会，高层级董事独裁的可能性较小，而且有利于企业吸纳更多不同专业背景的管理人才，从而提高决策质量，规范管理者行为。

第五，机构投资者能够正向调节董事会非正式层级对股价震荡风险的正向影响。机构投资者相较于一般投资者本身具备一定的专业素质和财力，机构投资者能够通过多渠道获得公司信息。虽然大多的机构投资者不能参与董事会的决策，但存在董事会非正式层级时，机构投资者的行为会受到地位高的董事的决策影响，进而影响股价震荡风险。

（二）政策建议

通过本节研究结论可以发现，作为董事会内部存在的非正式制度，董事会内部的非正式层级对公司的股价震荡风险产生负面影响。因此，围绕结论提出以下建议：

第一，对公司来说，完善董事会成员聘任与考核机制是保障董事会发挥监督职能、高效履职的重要保障。加强建设董事会主要有两个方面：一方面，公司在建立董事会非正式层级时，应注重聘用更加诚信的董事成员，优化非正式的组织结构，构建合理且有效的成员结构。同时需要对董事会文化建设给予极大关注。另一方面，要强化董事成员的职业道德建设，增强董事会成员的专业能力和责任感，强调权责一致，完善考核评价程序，越发注重监督评价，既要防止低层级董事成员盲目服从，也要规避高层级的董事成员利用个人权威开展不利于公司利益的行为。除此之外，公司要设置相应的问责机制和惩处机制，制定相应的评判标准，意识到明确职责范围的重要性，责任匹配到人。

第二，对监管部门来说，应进一步完善相关的法律法规。资本市场是一个风险与收益并存的地方，我国股票市场大部分交易者是散户，监管部门要加强对公司的审查和监控，出台有效的法律规范来加大对公司的监管力度，尽可能减少企业试图隐藏坏消息的动机，减少负面消息有机会在公司长期累积和在市场集中反映的可能性，进一步减少广大中小投资者抛售股票的现象，从而降低股价震荡风险发生的概率。证监会不仅要通过加强监管来制约公司的行为，也要注重保护股票市场上许多中小投资者的利益，从而在一定程度上积极维护资本市场上的公平公正，保障资本市场平稳有序的健康发展。除此之外，监管部门应加强对公司报表粉饰等行为的处罚力度，让公司为这些行为付出一定的代价，从根源上促使公司不再进行财务造假或是隐藏公司的负面消息。监管部门通过加强法律制度，进一步规范公司的行为，为公司创造一个更有成效的外部治理环境。

第三，对投资者来说，要充实注重财务与非财务信息，以便做出正确决策。投资者在进行投资的时候，要改变注重公司的财务数据的固有模式，在财务的基础上分析公司的整体状况，如董事会成员的构成、公司内部的治理机制等，通过对公司信息的充分了解，获得更准确可靠的信息，从而做出更加准确合适的决策，以此保护自身利益和减小投资风险。

第三节 高管金融背景与股价震荡风险

日益复杂、波谲云诡的市场对企业管理层的决策速度和执行能力提出了更高要求，而管理者作为公司的决策者，其决策的制定和执行在很大程度上决定了企业未来的经营业绩和价格走势。高阶梯队理论指出，管理者的行为决策、风险承担和管理风格将受到性别、年龄以及教育背景等个人特质的影响，个人特质上的差异令管理者即使面对相同的决策环境和决策问题时，也可能做出不同的决策判断和战略选择（Hambrick 和 Mason，1984）。尤其是金融背景管理者，早期的金融工作经历使他们具备了独立性、抗压性等特点，对其管理能力、前瞻能力和价值塑造具有持续深远影响。对于金融背景管理层而言，金融经历锻造出其对金融市场资本运作流程和规则有更清晰的认知、对风险有更深刻的理解，并锤炼出其更强的信息处理能力、机会识别和筛选能力以及资本运作能力。这些特质将在一定程度上影响其风险偏好和决策差异，并最终反映到企业行为决策上，进而可能对公司股价震荡产生影响。

已有文献从性别、年龄、教育程度等层面考察了管理者特征对股价震荡风险的影响（李小荣和刘行，2012；姜付秀等，2009；盛明泉等，2017；Andreou 等，2016；左晶晶和唐跃军，2014）。事实上，除以上特征外，早期职业经历也会对管理者价值塑造和管理风格等产生影响，进而影响企业价值。然而就目前来看，有关管理者从业经历对股价震荡风险影响的研究较少，研究管理者金融行业工作经历对股价震荡风险影响的文献更不多见。基于此，本节以代理成本为中介变量，试图探究管理层金融背景与股价震荡风险之间的影响路径，进而为上市公司完善公司治理、减少代理成本以及降低股价震荡风险提供一定的借鉴依据。此外，股价震荡风险与投资者利益紧密联系，通过深入研究管理层金融背景、代理成本与股价震荡风险三者之间的关系，亦能为投资者在做出投资决策时提供一定程度的参考。

一、理论分析与研究假设

（一）管理层金融背景与股价震荡风险

Jin 和 Myers（2006）基于委托代理问题理论探讨了公司内部环境对股价震荡风险的作用机制，并提出了"信息隐藏假说"。他们认为，投资者与管理者间在公司信息获取方面地位并不平等，管理层作为公司日常经营决策的核心参与者，拥有大量公司经营信息，基于自利动机，他们并不愿将这些信息尽数披露，而是倾向于进行选择性披露，即披露好消息而将坏消息窖藏，这些坏消息会随着公司的持续经营而不断在公司内部囤积，无法及时流入资本市场被投资者获取，因此处于信息被动局面的外部投资者容易被管理层的掩盖行为所蒙蔽，高估公司股价。随着信息不对称程度的不断加剧，坏消息不断囤积最终到达阈值便会短时间集中溢出，致使股价持续大幅下跌，最终引发股价震荡。目前，有关股价震荡风险的研究结果颇丰，但关注管理层过往经历对股价震荡风险影响的研究不多。基于高阶梯队理论，企业高管并非完全理性的经济人而是有限理性的社会人，其价值观念、管理能力、关系网络都受到过往生活及职业经历的持续影响，这些个人特质在一定程度上影响其风险偏好和行为决策，最终作用于企业绩效。相较于其他职业经历，金融行业工作经历具备高压性、复杂性、高风险性等特点，会对个人决策偏好和能力产生特殊影响。因此，本节将基于这种职业烙印就管理层金融背景对股价震荡风险的影响展开研究。

已有研究发现，不同组织和环境的工作经历会给管理者留下不同的认知和能力烙印，这些根植于深处的烙印往往会对管理者日常行为决策产生或多或少的影响（何瑛等，2019）。基于认知烙印，金融行业工作经历让管理者对金融市场中的资本运作流程和规则拥有更清晰的认知，因而能降低企业融资约束；对风险拥有更深刻的理解，因而能更精准地识别风险并更从容地承受，提升企业应对风险能力。基于能力烙印，金融工作较大的体量和压力以及复杂的资本关系网络锤炼出管理者更强的信息处理能力、机会识别和筛选能力以及资本运作能力，因而可以更迅速地甄别和把握机会，寻求优质融资资源，降低企业融资成本，并将风险降至可控范围内（杜勇等，2019）。同时，金融经历留下的认知和能力烙印所带来的融资约束的缓解，可以帮助企业预防或走出财务困境，降低破产风险（Stulz，1996），而企业财务状况的改善可以抑制因坏消息不断积累而导致的股价震荡风险（Hutton 等，2009）。因此，基于以上分析提出假设 H3-3-1：

H3-3-1：管理层金融背景有助于抑制股价震荡风险。

（二）管理层金融背景与股价震荡风险：基于代理成本的中介效应

在管理层金融背景与代理成本方面，金融背景管理层因为金融工作经历而拥有更广阔的人脉和更密集的关系网络，可以帮助企业与金融机构和其他外界利益相关者之间搭建信息桥梁，向外界及时传递企业自身财务状况、经营成果和资信水平等情况，从而打破信息壁垒（邢毅和王振山，2019），降低信息不对称程度，进而降低代理成本。此外，金融背景管理层因为其审核发放信贷等日常工作内容而更加清楚公司需要披露的内容以及利益相关者关注的内容，因此聘请有金融背景管理者的公司所披露的信息更易被金融机构和其他利益相关者识别、理解和接受（邢毅和王振山，2019），这也有助于降低信息不对称程度。相比于金融行业高压高强度的工作环境，非金融行业公司通常相对来说压力和强度较小，可以让金融背景管理者忆苦思甜，对现有工作机会倍感珍惜，从而更加注重自己的个人声誉和职业生涯，会对自己的行为决策进行一定的自我约束和监督，努力提高企业透明度，减少负面消息隐瞒和囤积，从而降低代理成本。

现代企业中管理者和股东所追求的利益并非完全一致，管理者为了一己私利和项目不被叫停而将不利消息隐匿（Kothari 等，2009），暗中侵蚀股东和公司利益，由此产生代理冲突。这种情况下，股东为了监督管理层行为和摸清公司真实情况势必会产生代理成本。而公司存在的代理问题越严重，即代理成本越高，管理者对坏消息采取瞒而不报的动机就会越发强烈，由此引发股价震荡的可能性就越大（吴晓晖等，2019）。因此，基于以上分析提出假设 H3-3-2：

H3-3-2：代理成本在管理层金融背景与股价震荡风险关系中发挥中介作用。

二、研究设计

（一）数据来源与样本选择

本节选取 2010~2020 年我国 A 股上市公司作为研究对象。数据来源于锐思数据库和国泰安数据库，为了保证数据的有效性和研究的准确性，本节对初始数据进行了如下处理：

（1）剔除金融类上市公司；

（2）剔除 ST、*ST 类公司的观测值；

（3）衡量股价震荡风险时，剔除年交易周数小于 30 周的样本，以排除企业上市、退市、停牌等因素对股价震荡风险的影响；

（4）为避免极端值的影响，对本节所涉及的连续变量，在 1% 和 99% 的水平上进行缩尾处理。最终得到 19851 个有效观测样本。

（二）变量的定义与计量

1. 解释变量

本节的解释变量是管理层金融背景（*FinBack*）。"管理层"这一概念的定义范畴参照了姜付秀等（2009）的界定方法，包括董事会成员、监事会成员和高级经理人员，并参照杜勇等（2019）定义"金融背景管理层"。参考和类比代昀昊与孔东民（2017）度量海归高管变量所用指标，本节选取如下指标来度量金融背景管理层变量：

（1）金融背景管理层虚拟变量（*FBD*），如果公司当年的管理层团队中至少有一位具有金融背景的管理者则取 1，否则取 0。

（2）金融背景管理层规模（*FBN*），公司当年管理层团队中金融背景管理者的人数。

2. 中介变量

本节的中介变量是代理成本（AC）。高质量审计可以提升财务报表信息披露质量，提高公司信息透明度，降低信息不对称程度，抑制管理者利用信息优势地位进行的自利行为，从而缓解代理问题（黄宏斌和尚文华，2019）。相比于非国际"四大"会计师事务所，国际"四大"会计师事务所规模更大，审计程序更加科学成熟，对执业质量的把控更加规范严格，审计质量市场认同度更高（王咏梅和王鹏，2006）。因此，用上市公司所聘会计师事务所的规模作为代理成本的替代指标，若上市公司所聘会计师事务所为国际"四大"，则认为公司代理成本较低，取值为1，反之为0。令变量 AC 在此基础上取相反数，从而达到 AC 越大，代表代理成本越高的效果。即 AC 与前文的变量 Big4 互为相反数。

3. 控制变量

参照 Hutton 等（2009）、姜付秀等（2018）等研究，本节控制了以下因素：公司规模（Size）、总资产收益率（Roa）、资产负债率（Lev）、账面市值比（BM）、股权制衡度（Shrz）、月超额换手率（OT）、两职合一（Dual）、可操控性盈余（DA）、董事会规模（Board）、第一大股东持股比例（Top1）、总资产增长率（Growth）、会计稳健性（CScore）。其中，月超额换手率（OT）为股票 i 当年与上一年月平均换手率之差；总资产增长率（Growth）为年初、末总资产差额与年末总资产之间的比值；会计稳健性（CScore），参考 Khan 和 Watts（2009）的 CScore 模型度量方式；可操控性盈余（DA）的计算方式见式（3.1）；其他变量的计量方式见前文表3.1。

（三）回归模型的构建

根据前文的分析，为了考察管理层金融背景对股价震荡风险的影响，本节构建多元线性回归模型（3.11）：

$$Crash_{i,t} = \alpha_0 + \alpha_1 FinBack_{i,t-1} + Controls_{i,t-1} + \varepsilon_{i,t-1} \qquad (3.11)$$

为验证假设 H3-3-2，构建模型（3.12）和模型（3.13）对代理成本是否在管理层金融背景对股价震荡风险的影响中发挥中介作用进行检验：

$$AC_{i,t} = \alpha_0 + \alpha_1 FinBack_{i,t-1} + \sum CVs_{i,t-1} + \sum Year + \sum Ind + \varepsilon_{i,t-1}$$

$$(3.12)$$

$$Crash_{i,t} = \alpha_0 + \alpha_1 FinBack_{i,t-1} + \alpha_2 AC_{i,t-1} + \sum CVs_{i,t-1} + \sum Year +$$

$$\sum Ind + \varepsilon_{i,t-1} \tag{3.13}$$

为了进一步探究管理层金融背景与股价震荡风险之间关系的作用条件和影响因素，本节把分析师关注、投资效率、管理层金融背景异质性和管理层权力作为分组变量，再次使用模型（3.11）进行实证分析。

三、实证分析

（一）描述性统计

由表 3.19 可知，因变量 Ncskew 和 Duvol 的平均值分别为 -0.331 和 -0.216，中位数分别为 -0.279 和 -0.214，与许年行等（2012）和王化成等（2015）的研究结果大致相同，两个变量体现出左偏，与前文中对该变量的设计相符；此外，标准差分别为 0.706 和 0.465，表明两个指标样中具有一定差异。自变量金融背景管理层规模（FBN）的均值为 1.510，说明样本公司的管理层团队中平均有 1.510 人拥有金融背景；管理层金融背景虚拟变量（FBD）的均值为 0.679，说明 67.9% 的公司至少有一个拥有金融背景的管理者，表明大多数公司均聘请具有金融背景的管理者。中介变量代理成本（AC）均值为 -0.063，表明有 6.3% 的样本公司聘请了国际"四大"参与公司审计，外部监督机制较强，代理成本较小；而标准差为 0.242，说明不同公司间代理成本存在较大差异。在控制变量中，公司规模（Size）最小值为 20.046，最大值为 26.326，均值为 22.327，说明样本公司整体规模差距不大，样本分布较均匀。总资产报酬率（Roa）整体保持在 -25.0%~18.8%，平均报酬率为 3.7%。资产负债率（Lev）的均值为 0.428，表明研究样本在 2012~2020 年平均负债水平在合理范围内。账面市值比（BM）均值和中位数为 0.641 和 0.643，均小于 1，说明大部分公司账面资产低于股票市值，呈现蓬勃向上的积极发展态势。月均超额换手率（OT）平均值和标准差分别为 -0.098 和 0.451，与田昆儒和孙瑜（2015）的研究结果大致相同。两职合一（Dual）均值为 0.265，更向左偏，说明总经理与董事长不是同一人的上市公司数量较多，这有利于治理机制的强化，降低"合谋"的概率。可操控性盈余（DA）的均值为 0.064，标准差为 0.066，最大值为 0.382，说明不同公司间信息透明程度存在一定差异。董事会规模（*Board*）均值为 8.586 人。股权制度（*Indr*）均值和中位数分别为 0.375 和 0.364，第一大股东持股比例（*Top*1）的均值和中位数分别为 0.347 和 0.326，说明本节样本中的 A 股上市公司第一大股东处于一种相对控股状态。总资产增长率（*Growth*）的均值为 0.149，最大值为 1.851，最小值为 - 0.278，可见不同公司的总资产增长率差距较大。会计稳健性（*Cscore*）的均值为 0.026，标准差为 0.529，说明总体上我国不同 A 股上市公司的会计稳健性存在差异，且稳健性水平不高。描述性统计结果同已有研究列示的结果大体相同。

表 3.19　描述性统计

变量	N	mean	median	sd	min	max
Ncskew	19851	- 0.331	- 0.279	0.706	- 2.445	1.546
Duvol	19851	- 0.216	- 0.214	0.465	- 1.358	0.945
FBD	19851	0.679	1.000	0.467	0.000	1.000
FBN	19851	1.510	1.000	1.659	0.000	26.000
AC	19851	- 0.063	0.000	0.242	- 1.000	0.000
Size	19851	22.327	22.137	1.303	20.046	26.326
Roa	19851	0.037	0.036	0.059	- 0.250	0.188
Lev	19851	0.428	0.421	0.202	0.059	0.876
BM	19851	0.641	0.643	0.249	0.128	1.180
OT	19851	- 0.098	- 0.018	0.451	- 1.984	0.960
Dual	19851	0.265	0.000	0.441	0.000	1.000
DA	19851	0.064	0.044	0.066	0.001	0.382
Board	19851	8.586	9.000	1.712	0.000	18.000
Indr	19851	0.375	0.364	0.090	0.239	0.606
*Top*1	19851	0.347	0.326	0.149	0.086	0.746
Growth	19851	0.149	0.087	0.281	- 0.278	1.851
Cscore	19851	0.026	0.030	0.529	- 2.994	1.923

（二）相关性分析

本节做了相关性分析以便初步了解各变量的相关性，鉴于篇幅有限并未列示相关表格。负收益偏态系数（*Ncskew*）和收益上下波动比率（*Duvol*）二者之间存在较高的替代性和一致性，相关系数高达 0.878，且在 1%的水平下显著。金融背景管理层规模（*FBN*）与股价震荡风险（*Ncskew* 和 *Duvol*）间均在 5%的水平下显著负相关，可见在不对其他变量施加控制的情况下，金融背景管理者在管理层团队占比的提升可以降低公司股价震荡概率，符合前文提出的研究假设 H3-3-1；金融背景管理层哑变量（*FBD*）与股价震荡风险（*Ncskew* 和 *Duvol*）之间也存在负相关关系，虽然不显著，但更为可靠的结果将通过进一步的回归分析来探寻和检验。此外，解释变量与控制变量间的相关系数较小，且模型回归中变量的方差膨胀因子（*VIF*）均低于 5，因此共线性并不会影响回归结果。

（三）管理层金融背景与股价震荡风险

表 3.20 是本节主效应回归结果。第（1）、（3）、（5）、（7）列检验了管理层金融背景对股价震荡风险的影响，但并未加入相应的控制变量，结果显示金融背景管理层虚拟变量（*FBD*）的估计系数分别为 -0.013 和 -0.011，回归系数分别在 5%和 10%水平下呈负相关；金融背景管理层规模（*FBN*）的估计系数列示为 -0.017 和 -0.019，回归系数分别在 5%和 1%水平下呈负相关。第（2）、（4）、（6）、（8）列是控制了企业特征指标和董事会特征指标的回归结果，可以看出，金融背景管理层虚拟变量（*FBD*）的系数估计值为 -0.019 和 -0.016，且分别在 1%和 5%的水平上显著为负；金融背景管理层虚拟变量（*FBN*）的系数估计值为 -0.029 和 -0.024，且均在 1%的水平上显著为负。结果表明，管理层金融背景与上市公司股价震荡风险呈显著负相关，假设 H3-3-1 得证。同时，通过对比也可以看出，控制相关因素后的回归模型的拟合优度显著提升，说明了逐步回归的有效性。

表 3.20　管理层金融背景与股价震荡风险

变量	(1) *Ncskew*	(2) *Ncskew*	(3) *Duvol*	(4) *Duvol*	(5) *Ncskew*	(6) *Ncskew*	(7) *Duvol*	(8) *Duvol*
FBD	-0.013 ** (2.12)	-0.019 *** (5.33)	-0.011 * (1.69)	-0.016 ** (2.31)				
FBN					-0.017 ** (2.05)	-0.029 *** (3.19)	-0.019 *** (6.71)	-0.024 *** (5.42)

续表

变量	（1） Ncskew	（2） Ncskew	（3） Duvol	（4） Duvol	（5） Ncskew	（6） Ncskew	（7） Duvol	（8） Duvol
Size		−0.027** （2.31）		−0.081*** （4.86）		−0.024** （2.09）		−0.079*** （6.03）
Roa		0.016* （1.79）		0.015* （1.85）		0.015* （1.88）		0.015* （1.76）
Lev		−0.031*** （3.01）		−0.029*** （4.96）		−0.031*** （2.99）		−0.029*** （3.55）
BM		0.004 （1.32）		0.047*** （7.12）		0.003 （1.01）		0.046*** （5.99）
OT		−0.092*** （3.29）		−0.096*** （7.99）		−0.092*** （8.71）		−0.096*** （5.36）
Dual		0.016** （2.22）		0.015** （2.10）		0.016** （2.06）		0.016** （2.39）
DA		0.014* （1.69）		0.011 （1.51）		0.014* （1.85）		0.011 （1.39）
Board		−0.015** （3.33）		−0.016** （2.28）		−0.018* （1.75）		−0.014** （1.86）
Indr		0.067*** （9.12）		0.067*** （8.21）		0.067*** （5.03）		0.067*** （6.01）
Top1		−0.054*** （4.98）		−0.052*** （3.86）		−0.055*** （5.50）		−0.053*** （3.57）
Growth		0.007 （0.96）		0.003 （0.76）		0.006 （0.44）		0.002 （0.77）
Cscore		0.008 （0.25）		−0.003 （0.65）		0.008 （0.57）		−0.003 （0.68）
Year/Ind	Yes	Yes	Yes	Yes	Yes	Yes	Yes	Yes
_cons	0.156*** （8.11）	0.178*** （7.63）	0.142** （2.09）	0.154** （2.16）	0.156*** （3.99）	0.178*** （3.46）	0.142** （2.19）	0.154** （2.16）
R^2_adj	0.034	0.050	0.040	0.065	0.034	0.051	0.041	0.065
N	19851	19851	19851	19851	19851	19851	19851	19851

注：***、**、*分别表示1%、5%、10%的显著性水平，括号里为T值。

（四）稳健性检验

1. 管理层金融背景的替代变量

参考代昀昊和孔东民（2017）、陈雄兵和黄玉（2020）的研究，构造金融背景管理层比例变量（$FinBack\_P$），即公司当年度具有金融背景的管理者人数占管理层总人数的比例，再进行多元回归分析，结果如表 3.21 所示。由表 3.21 的列（1）和列（4）可见，$FinBack\_P$ 的系数分别为 -0.0240 和 -0.0197，均在1%的水平上显著。列（2）和列（5）中的 $FinBack\_P$ 的系数为 -0.0319 且在1%的水平上显著，列（3）和列（6）中 $FinBack\_P$ 的系数分别为 -0.0235 和 -0.0192，也均在1%的水平上显著为负，其他结果与前述研究基本一致。这表明，考虑拥有金融背景的管理者在企业管理层占比的情况下，上述研究结果依旧具有稳健性。

表 3.21　稳健性检验：管理层金融背景的替代变量

变量	（1） Ncskew	（2） AC	（3） Ncskew	（4） Duvol	（5） AC	（6） Duvol
$FinBack\_P$	-0.0240***	-0.0319***	-0.0235***	-0.0197***	-0.0319***	-0.0192***
	(3.09)	(3.56)	(3.15)	(4.51)	(3.42)	(3.99)
AC			0.0153**			0.0166**
			(0.031)			(2.08)
$Controls$	Yes	Yes	Yes	Yes	Yes	Yes
$\_cons$	0.179***	-0.0179	0.179***	0.155**	-0.0179	0.155**
	(5.11)	(0.78)	(5.11)	(2.01)	(0.78)	(2.02)
R^2_adj	0.050	0.161	0.051	0.065	0.161	0.065
N	19851	19851	19851	19851	19851	19851

注：***、**、*分别表示1%、5%、10%的显著性水平，括号内为 T 值。

2. 变更样本区间

由于股票市场在 2015 年发生过较大的波动，可能影响管理层金融背景与股价震荡风险之间的关系，因此剔除 2015 年度数据，对处理后的数据再进行回归分析，回归结果如表 3.22 所示，其中 Panel_A 和 Panel_B 展示的分别是当自变量为金融背景管理层虚拟变量（FBD）和金融背景管理层规模（FBN）时的回归结果。

表 3.22　稳健性检验：回归年份调整

变量	(1) Ncskew	(2) AC	(3) Ncskew	(4) Duvol	(5) AC	(6) Duvol
Panel_A						
FBD	-0.0198*** (3.07)	-0.0148* (1.74)	-0.0196*** (3.08)	-0.0180** (2.13)	-0.0148* (1.74)	-0.0178** (2.14)
AC			0.0165** (2.28)			0.0152** (0.037)
Controls	Yes	Yes	Yes	Yes	Yes	Yes
_cons	0.179*** (0.009)	-0.0334 (0.651)	0.180*** (0.009)	0.178*** (0.008)	-0.0334 (0.651)	0.178*** (0.008)
R^2_adj	0.051	0.158	0.052	0.067	0.158	0.067
N	18409	18409	18409	18409	18409	18409

变量	(1) Ncskew	(2) AC	(3) Ncskew	(4) Duvol	(5) AC	(6) Duvol
Panel_B						
FBN	-0.0325*** (0.000)	-0.0474*** (0.000)	-0.0318*** (0.000)	-0.0269*** (0.001)	-0.0474*** (0.000)	-0.0262*** (0.001)
AC			0.0154** (0.040)			0.0144** (0.050)
Controls	Yes	Yes	Yes	Yes	Yes	Yes
_cons	0.180*** (0.009)	-0.0223 (0.743)	0.180*** (0.009)	0.178*** (0.008)	-0.0223 (0.743)	0.178*** (0.008)
R^2_adj	0.052	0.158	0.052	0.068	0.158	0.068
N	18409	18409	18409	18409	18409	18409

注：***、**、*分别表示1%、5%、10%的显著性水平，括号内为 T 值。

　　由 Panel_A 可以看出，主回归模型中，金融背景管理层虚拟变量（FBD）的系数分别为-0.0198 和-0.0180，且分别在 1% 和 5% 的水平上显著。由第（2）列和第（5）列可以看出，FBD 的系数的显著性虽然较前文中介效应结果有所下降，但仍在 10% 水平上显著为负。由第（3）列和第（6）列可见，代理成本（AC）的系数均在 5% 水平上显著正相关，回归结果与前述分析基本一致。

　　由 Panel_B 可以看出，主回归模型中，金融背景管理层规模（FBN）的系数分别为-0.0325 和-0.0269，且均在 1% 的水平上显著。由第（2）列和第（5）

列可以看出，*FBN* 的系数在 1% 水平上显著为负。由第（3）列和第（6）列可见，代理成本（*AC*）的系数均在 5% 水平上显著正相关，回归结果与前述分析基本一致。

（五）内生性检验

1. 固定效应模型

为缓解控制变量遗漏问题，本节运用固定效应模型重新回归，结果见表 3.23 所示。第（1）列和第（2）列中的金融背景管理层虚拟变量（*FBD*）的系数分别为 -0.0198 和 -0.0168，分别在 1% 和 5% 的水平上显著；第（3）列和第（4）列中的金融背景管理层规模（FBN）的系数分别为 -0.0302 和 -0.0253，且均在 1% 的水平上显著。回归结果与前述研究一致，未发生明显变化。

表 3.23　内生性处理：固定效应模型

变量	（1） *Ncskew*	（2） *Duvol*	（3） *Ncskew*	（4） *Duvol*
FBD	-0.0198*** (3.06)	-0.0168** (2.21)		
FBN			-0.0302*** (4.03)	-0.0253*** (3.93)
Controls	Yes	Yes	Yes	Yes
_cons	0.176*** (3.54)	0.153** (2.18)	0.177*** (3.04)	0.153** (2.17)
R^2_adj	0.046	0.059	0.046	0.059
N	19851	19851	19851	19851

注：***、**、*分别表示 1%、5%、10% 的显著性水平，括号内为 T 值。

2. 工具变量法

管理层金融背景与股价震荡风险之间可能存在一定的样本自选择问题，即具有金融背景的管理者在选择就职企业时倾向于选择股价震荡风险低的企业，因此，本节借鉴陈雄兵和黄玉（2020）对海归高管与股价震荡风险间可能存在的样本自选择问题的解决办法，采用同年度同一行业其他公司的金融背景管理层比例的均值（*FinBack_M*）作为工具变量，然后进行 2sls 回归分析，结果如表 3.24

所示，其中 Panel_A 和 Panel_B 展示的分别是当自变量为金融背景管理层虚拟变量（*FBD*）和金融背景管理层规模（*FBN*）时的回归结果。

表 3.24 内生性处理：工具变量法

变量	Panel_A			Panel_B		
	（1）第一阶段 *FBD*	（2）第二阶段 *Ncskew*	（3）第二阶段 *Duvol*	（1）第一阶段 *FBN*	（2）第二阶段 *Ncskew*	（3）第二阶段 *Duvol*
FinBack_M	−0.100***			−0.147***		
	(3.11)			(3.23)		
FBD		−0.484***	−0.394**		−0.310***	−0.252**
		(3.08)	(2.24)		(3.05)	(2.18)
Controls	Yes	Yes	Yes	Yes	Yes	Yes
_*cons*	0.406***	0.180*	0.145	0.344***	0.0903	0.0728
	(4.06)	(1.69)	(0.82)	(3.60)	(0.28)	(0.37)
N	19851	19851	19851	19851	19851	19851
R^2_adj	0.077	0.062	0.057	0.107	0.091	0.072

注：***、**、*分别表示1%、5%、10%的显著性水平，括号内为 T 值。

第一阶段的回归结果表明，Panel_A 和 Panel_B 中的行业均值（*FinBack_M*）均在1%的水平上显著为负，说明同年同行业其他公司的金融背景管理者的比例会影响本公司是否聘请金融背景管理者的概率，同时影响本公司聘请金融背景管理者的人数。第二阶段回归结果表明，在控制了选择性偏差后，管理层金融背景降低股价暴跌发生概率的效果依旧显著，表明管理层金融背景可以降低股价震荡风险，本节的结论依旧成立。

（六）机制检验：代理成本的中介效应

表 3.25 Panel_A 展示了当解释变量为金融背景管理层虚拟变量（*FBD*）时的中介效应分析结果。从结果可见，第（1）、（4）列中，金融背景管理层虚拟变量（*FBD*）对股价震荡风险（*Ncskew*、*Duvol*）分别在1%和5%水平上显著负相关。第（2）、（5）列中，中介变量代理成本（*AC*）对金融背景管理层虚拟变量（*FBD*）的回归系数为−0.0144，且在5%统计水平上存在显著负相关，表明聘用有金融背景的管理者可以降低上市公司的代理成本。第（3）、（6）列显示，

当把中介变量代理成本加入主回归效应模型后，中介变量代理成本的回归系数分别为 0.0158 和 0.0170，均在 5% 水平上显著，金融背景管理层虚拟变量（*FBD*）的回归系数降低至 -0.0186 和 -0.0156，仍分别在 1% 和 5% 水平上显著，可见管理层金融背景对股价震荡的抑制作用有所减弱。通过 Sobel 检验得出的 Z 值分别为 -1.913 和 -2.006，分别在 10% 和 5% 水平上显著。检验结果基本表明，代理成本在管理层金融背景对股价震荡风险的影响中发挥了部分中介效应。

表 3.25　代理成本中介效应分析

	Panel_A					
变量	(1) *Ncskew*	(2) *AC*	(3) *Ncskew*	(4) *Duvol*	(5) *AC*	(6) *Duvol*
FBD	-0.0189*** (3.67)	-0.0144** (2.26)	-0.0186*** (6.47)	-0.0158** (2.21)	-0.0144** (2.40)	-0.0156** (2.23)
AC			0.0158** (0.026)			0.0170** (2.15)
Controls	Yes	Yes	Yes	Yes	Yes	Yes
_cons	0.178*** (3.06)	-0.0229 (0.75)	0.178*** (3.06)	0.154** (2.01)	-0.0229 (0.72)	0.154** (2.02)
N	19851	19851	19851	19851	19851	19851
R^2_adj	0.050	0.161	0.050	0.065	0.161	0.065
	Panel_B					
变量	(1) *Ncskew*	(2) *AC*	(3) *Ncskew*	(4) *Duvol*	(5) *AC*	(6) *Duvol*
FBN	-0.0286*** (3.12)	-0.0499*** (3.36)	-0.0279*** (4.17)	-0.0235*** (6.22)	-0.0499*** (3.49)	-0.0227*** (6.03)
AC			0.0149** (2.35)			0.0163** (2.20)
Controls	Yes	Yes	Yes	Yes	Yes	Yes
_cons	0.178*** (8.06)	-0.0166 (0.99)	0.178*** (6.06)	0.154** (2.16)	-0.0166 (0.79)	0.154** (2.16)
N	19851	19851	19851	19851	19851	19851
R^2_adj	0.051	0.162	0.051	0.065	0.162	0.065

注：***、**、*分别表示 1%、5%、10% 的显著性水平，括号内为 T 值。

表3.25 Panel_B展示了当解释变量为金融背景管理层规模（*FBN*）时的中介效应分析结果。由结果可知，在依据总效应模型得出的第（1）、（4）列中，金融背景管理层规模（*FBN*）对股价震荡风险（*Ncskew*、*Duvol*）均在1%水平上显著负相关。第（2）、（5）列中，中介变量代理成本（*AC*）对金融背景管理层规模（*FBN*）的回归系数为-0.0499，且在1%统计水平上存在显著负相关，表明企业中有金融背景的管理者人数越多，代理成本越低。第（3）、（6）列显示，当把中介变量代理成本加入主回归效应模型后，中介变量代理成本的回归系数分别为0.0149和0.0163，均在5%水平上显著，金融背景管理层规模（*FBN*）的回归系数降低至-0.0279和-0.0227，仍均在1%水平上显著，可见管理层金融背景对股价震荡的抑制作用有所减弱。通过Sobel检验得出的Z值分别为-2.114和-2.292，均在5%水平上显著。检验结果表明，代理成本在管理层金融背景对股价震荡风险的影响中发挥了部分中介效应。

此外，对全样本使用Bootstrap法进行重复抽样再次检验，样本量为1000次。检验结果显示，当解释变量为金融背景管理层虚拟变量（*FBD*）时，代理成本的间接效应（indirect effect）置信区间分别为（-0.0013295，-0.0000819）和（-0.0009102，-0.0000855）；当解释变量为金融背景管理层规模（*FBN*）时，代理成本的间接效应（indirect effect）置信区间分别为（-0.0007566，-0.0000465）和（-0.0005232，-0.0000453），区间均不包含0，表明代理成本的中介效应显著。

四、结论与政策建议

（一）研究结论

本节选取2010~2020年我国A股上市公司作为研究对象，通过实证检验管理层金融背景与股价震荡风险的关系，同时探究了代理成本是否在二者之间发挥中介效应。研究发现：

第一，管理层金融背景对股价震荡风险的抑制效应十分显著。金融工作经历作为管理层的重要背景特征，增强了其对风险的识别和掌控能力，提升了企业应对风险的能力。经过系列稳健性检验和内生性检验，并未发现上述结论发生改变。

第二，代理成本在管理层金融背景和股价震荡风险之间发挥了中介作用，即管理层金融背景通过降低代理成本进而抑制股价震荡。拥有金融背景的管理者通常具有更强的信息处理能力、机会识别能力、资本运作能力以及更广阔的人脉关系网络，不仅可以帮助企业寻求优质融资资源，还可以更有效地向外界传递信息，有效地降低融资成本、信息沟通成本等代理，并将风险降至可控范围内。

第三，在企业不同内部治理结构和外部监督环境的约束下，管理层金融背景对股价震荡风险的抑制作用效果和强度也有所不同。具体来说，管理层金融背景在分析师关注较低、企业投资过度、管理层权力较大的情况下更能抑制股价震荡，同时这种抑制作用主要靠非银行背景管理层实现。

（二）政策建议

根据研究结论，本节从政府监管、企业和投资者三个层面给出相关政策性建议：

第一，政府监管层面。管理层金融背景虽然可以帮助企业在一定程度上降低股价震荡风险，但也会提高实体企业金融资产配置水平，加剧实体企业金融化程度。这种脱实向虚倾向会产生大量资产泡沫，这些泡沫不会随着时间而消逝，而是随着企业金融化程度的提高不断集聚膨胀，最终短时集中破裂引发股价动荡。因此，相关部门应该积极引导，在企业引进金融背景管理层的同时注意控制企业金融化程度，加强对企业金融资产配置的治理。但治理行为不能"一刀切"，而应区别对待，对短期的加强管控，对长期的予以支持。稳步推进供给侧结构性改革，产融结合，合理适度利用金融业反哺实业，促进实体经济与虚拟经济协调发展，注意防控金融风险。

第二，企业层面。对于企业而言，可以考虑适当将一些具有金融行业工作经历的优秀人员纳入管理层团队，并可适当提高聘用比例来优化公司内部管理结构，充分利用金融背景管理者的专业背景优势和资本关系网络提升企业长远发展能力。本节研究发现，金融背景管理层人数占管理层总数比例越高，其所在企业股价震荡风险越低。因为金融行业工作经历使管理者拥有更透彻的风险认知、更敏锐的机会把控以及更优质的融资渠道，可以帮助企业有效缓解融资约束，降低企业因资金匮乏或财务状况不稳定而导致的财务危机所引发的股价震荡风险的可能性。而且本节发现，管理层的非银行金融机构背景比银行从业背景抑制股价震荡的效果更强，因此对于急需降低自身经营风险的企业来说，可以优先甄选具有证券公司等非银行金融机构工作经历的人员优化自身管理层团队，以防范降低企业风险，并提高企业的风险承担能力。

第三，投资者层面。在判别上市公司股价震荡概率时，除了关注企业经营及财务指标、行业发展、企业战略等方面，还需要将管理层团队背景特征、心理和行为学特征等方面纳入考量范畴，关注管理层经历对企业财务行为的影响，坚持定量和定性相结合原则。

第四节　数字化转型与股价震荡风险

随着人工智能、云原生、RPA 等创新技术被广泛应用，数字经济焕发出前所未有的活力，发展数字经济、促进企业经济高质量发展成为当前党和国家重点强调的战略。"十四五"规划明确提出发展数字经济的重要性，习近平总书记也在 2022 年《求是》中强调我国要不断做强做优做大数字经济。在这样的宏观背景下，全国数字发展指数直线上升，近十年内增速远超同期 GDP 增速，企业家们纷纷投入到数字化转型的潮流中，希望利用其优势创造更多的发展机会。数字化转型深刻影响着企业发展的各个方面，逐渐成为学术界相关研究的热点话题。目前，学者们主要关注企业数字化转型的经济后果以及数字化技术的阶段特点如何对企业发展产生影响。数字化转型为企业高质量发展赋予了新的动能，"破旧立新"是其鲜明特征之一，本质上是通过促进企业已有数据的高效流动而提高其资源配置、信息效率以及改善外部宏观环境变化为企业所带来的强大冲击（易露霞等，2021）。现有学者主要关注数字化转型对企业股票流动性（吴非等，2021）、全要素生产率（赵宸宇等，2021）、企业创新效率（殷群和田玉秀，2021）、投入产出效率（刘淑春等，2021）等均具有促进作用，而鲜有文献从企业风险管理角度出发，研究数字化转型对企业发展的影响。

自 2008 年以来，全球股价震荡事件层出不穷，不仅损害了投资者的个人利益，也阻碍了企业健康发展以及市场稳定。党的十八大、十九大及二十大报告反复强调"防范系统性金融风险"是我国三大攻坚战之一，而股价震荡风险是引发系统性金融风险的重大隐患，因此，分析探究企业数字化转型对股价震荡风险是否具有缓解作用，对处于"十四五"关键时期的企业高质量发展具有重要经济意义。本节以 2011~2020 年的 A 股上市公司为研究对象，通过分析企业数字化转型对促进企业间信息与资源流动的积极作用，论证其对股价震荡风险的抑制作用，为后疫情时代下促进企业健康稳定发展提供有益指引。

一、理论分析与研究假设

数字经济成为继农业经济、工业经济后的重要经济形态，尤其在面临重大公共危机事件时，"在家远程办公"等一系列方式应运而生，多数企业抓住机遇跨入数字化转型的大门。数字化转型也使企业发展从根本上发生变化，企业内部传统生产要素与数字化技术有效结合产生的"破旧立新"不仅帮助企业细化业务流程（Mikalef 和 Pateli，2017），还通过建立全新的企业组织与业务关系，打造外部供应链之间的信息共享平台（祝合良和王春娟，2021），进而有效改善企业生产效率（王开科等，2020）、提高业绩水平（易露霞等，2021）、助力企业成长（倪克金和刘修岩，2021）。因此，本节从以下角度出发，探究数字化转型能否通过提高企业风险管理能力，降低股价震荡风险。

首先，从信息效应看，数字化转型通过缓解外部投资者面临的严重信息不对称，增强其对企业运营情况的了解，进而降低股价震荡风险。企业在实际运营过程中，每一步都会产生大量内部信息，然而由于信息处理、传递效率低下，这些信息只能堆砌在内部难以有效整合传输到外界，使得投资者无法了解企业的真实情况，加剧管理层"捂盘"风险，从而加大股价震荡的概率。数字化转型为企业内部信息的高效流转创造了条件，极大加快了信息的处理和挖掘效率。而且，企业为了能获得外部市场的更多支持，会将内部有效信息及时向外部市场传送，有助于市场投资者掌握更充分的企业内部经营、生产、销售状况等信息（Liu 等，2011），降低内外部信息不对称程度，进而减少企业股价发生震荡的可能性。此外，企业向外界公布实施数字化转型战略等积极信息时，外部市场对其产生正面预期，外部媒体、分析师、机构投资者会加强对企业运行状况的关注（程博，2019），进一步提升企业内外部信息透明度。与此同时，企业运用数字化技术为上述外部机构监督企业行为拓宽了渠道（祁怀锦等，2020），因而外部监督力度会随之加强，对企业完善其生产运营管理具有一定的驱动作用，进而缓解股价震荡风险。

其次，从内部控制角度看，数字化转型通过提高企业内部控制水平，降低企业盈余管理行为，进而缓解股价震荡风险。一方面，数字化转型将企业内部生产经营的各流程信息快速高效地进行挖掘、处理、整合，极大限度地提升了信息传递效率，有效提升了内部资源周转率，提高了信息透明度，塑造了高效有序的内部治理环境，一定程度上缓解了企业普遍存在的代理问题（曾德麟等，2021）。而股东与管理者间的代理问题是股价发生崩盘的根源之一（张宏亮和王靖宇，2018），股东通过获取的有效信息加强对企业管理者盈余管理等利己行为的监督，进一步促使企业管理者完善企业制度，有助于降低企业风险。另一方面，企业在运用数字化技术时，不仅是简单地将其应用于各流程环节，而是更深层次地对内部控制制度和组织间结构进行优化（车德欣等，2021），有助于企业整合自身资源，进而形成"高效率""低风险"的高效组合，为降低企业股价震荡奠定基础。此外，当数字化技术与企业内部活动深度融合时，利益相关者与企业间的关系会进一步拉近，企业对相关者的信息披露等内部控制体系也会更加完善（肖静华，2020），外部投资者获取的信息越多，越能减少对管理层决策行为判断的不确定性。因此，数字化转型通过提高企业内部控制水平而缓解了股价震荡风险。

最后，从经营风险角度看，数字化转型通过降低企业经营风险，进而减缓股价震荡风险。公司自身的经营风险是股价发生崩盘的重要因素之一，公司经营风险越高，其股价波动幅度越大（Chen等，2001）。如前文所述，数字化转型将企业内部积极消息快速整合形成标准化、结构化信息输出，提高了信息的有效使用率（吴非等，2021）。管理者借助于数字化技术，能更好地掌握市场中供求关系，大大提高了经营决策的准确性。而且，利用数字化技术参与企业管理，也能向管理者反馈其运营决策中存在的问题，便于适时调整，降低了经营活动存在的风险。此外，数字化技术能促进供应链上下游企业之间建立共享平台（王可和李连燕，2018），有助于降低企业成本、提高生产效率，进而降低经营风险，更进一步地降低股价震荡风险。基于上述分析，本节提出假设 H3-4-1：

H3-4-1：在其他条件不变的情况下，数字化转型与股价震荡风险呈显著负向关系。

二、研究设计

（一）数据来源与样本选择

本节以 2011~2020 年 A 股上市公司数据为初始研究样本，进行如下筛选处理：

（1）剔除银行、保险等金融类公司；

（2）剔除 ST、ST* 类经营异常的公司；

（3）剔除关键变量存在缺失情况的数据；

（4）剔除每年交易周数小于 30 的上市公司，以保证衡量股价震荡风险指标的可靠性和有效性；

（5）为避免极端值的影响，对本节所涉及的连续变量，在 1% 和 99% 的水平上进行缩尾处理。

经上述处理，最终得到 13402 个数据。本节数据均从国泰安及锐思数据库获取。

（二）变量定义

1. 数字化转型强度

参照吴非等（2021）、易露霞等（2021）的研究，采用文本分析法，利用 Python 软件爬取上市公司年报中"数字化转型"关键词，并对其进行匹配、统计，最终得到数字化转型强度（*DCG*）指标，并对其进行对数化处理。

2. 中介变量：内部控制和经营风险

借鉴易露霞等（2021）的研究，用迪博内部控制指数作为内部控制（*DB*）的度量指标，为了消除量级对实验的影响，回归中对其进行了标准化处理。

借鉴王化成等（2019）的研究，以企业每 3 年样本期间内经行业调整 *Roa* 最大值与最小值的差额衡量经营风险（*Risk*）。

3. 控制变量

参考姜付秀等（2018）的研究，选取了其他对股价震荡有影响的因素作为控制变量。主要有公司规模（*Size*）、资产负债率（*Lev*）、资产收益率（Roa）、特定周收益率均值（Ret）、特定周收益率的波动（*Sigma*）、第一大股东持股比例（*Top*1）、独立董事（*Indr*）、两职合一（*Dual*）、审计质量（*Big*4）。此外，本节还控制了行业虚拟变量和年度虚拟变量。

（三）模型设定

本节构造如下回归模型以验证数字化转型对股价震荡风险的影响：

$$Crash_{i,t+1} = \alpha_0 + \alpha_1 DGC_{i,t} + Controls_{i,t} + \varepsilon_{i,t} \tag{3.14}$$

三、实证结果

（一）描述性统计分析

各变量的描述性统计结果如表 3.26 所示。可知，负收益偏态系数（*Ncskew*）与收益上下波动比（*Duvol*）均值分别为 -0.332 和 -0.223，表明所选样本公司的股价震荡的情况整体上处于比较安全的范围。不过，*Ncskew* 和 *Duvol* 的离散系数分别为 2.21 和 2.18，在所有变量中属于离散系数较大的两个变量，表明不同上市公司之间的股价震荡风险存在较为明显的差异。数字化转型（*DCG*）最大/小值为 5.011/0.693、均值为 2.063（大于中位数 1.792），表明整体看，我国企业数字化水平差异度较大，且存在整体偏低的情况。其余控制变量均处于合理区间。

表 3.26　变量的描述性统计

变量	观测值	均值	中位数	标准差	最小值	最大值
Ncskew	13402	-0.332	-0.298	0.733	-2.459	1.740
Duvol	13402	-0.223	-0.229	0.486	-1.392	1.056
DCG	13402	2.063	1.792	1.130	0.693	5.011
Size	13402	22.246	22.082	1.272	19.986	26.15
Lev	13402	0.412	0.404	0.199	0.056	0.884

续表

变量	观测值	均值	中位数	标准差	最小值	最大值
Roa	13402	0.038	0.039	0.067	−0.308	0.192
Ret	13402	0.004	0.002	0.010	−0.015	0.039
Sigma	13402	0.066	0.060	0.027	0.026	0.165
*Top*1	13402	33.381	30.966	14.696	8.258	74.653
Indr	13402	0.386	0.375	0.074	0.250	0.600
Dual	13402	0.308	0	0.462	0	1
*Big*4	13402	0.057	0	0.231	0	1

（二）相关性分析

本节做了相关性分析以便初步了解各变量的相关性，鉴于篇幅有限并未列示相关表格。根据各变量 Pearson 和 Spearman 检验系数及显著性，发现股价震荡风险（*Ncskew*）与数字化转型（*DCG*）负相关，且在 1% 水平上显著，初步表明数字化转型能缓解股价震荡风险，为本节假设 H3-4-1 成立奠定了基础。就控制变量而言，除资产收益率（*Roa*）、独立董事（*Indr*）、两职合一（*Dual*）的相关系数不显著外，其他控制变量与股价震荡风险之间均呈显著相关性。

（三）基准回归分析

表 3.27 第（1）~（3）列示了数字化转型对股价震荡风险的回归检验结果。第（1）列是未对其余变量进行控制得出的结果，可知 *DCG* 的系数为 −0.0207，且在 1% 的水平上显著，表明数字化转型（*DCG*）在一定程度上能缓解股价震荡风险（*Ncskew*）。第（2）列是未控制行业年份固定效应得出的结果，可知系数方向及显著性基本一致。第（3）列是进一步将行业、年份纳入模型中进行回归，可知 *DCG* 的系数为 −0.0194，且在 5% 的水平上显著，尽管系数大小及显著性稍微下降，但整体看数字化转型（*DCG*）对股价震荡风险（*Ncskew*）的缓解作用仍然成立。这意味着本节假设 H3-4-1 成立，即数字化转型与股价震荡风险呈显著负向关系。

表 3.27　回归分析

变量	(1) Ncskew	(2) Ncskew	(3) Ncskew	(4) Duvol
DCG	-0.0207*** (-2.85)	-0.0197*** (-2.71)	-0.0194** (-2.43)	-0.0142*** (-2.70)
Size		-0.0329*** (-5.00)	-0.0569*** (-8.29)	-0.0376*** (-8.28)
Lev		0.0379 (0.94)	0.1076*** (2.63)	0.0807*** (2.98)
Roa		0.2762*** (2.62)	0.2431** (2.30)	0.1528** (2.18)
Ret		-8.2471*** (-10.16)	-7.6798*** (-7.69)	-7.9361*** (-12.01)
Sigma		-2.3449*** (-7.57)	-6.5424*** (-17.41)	-3.3894*** (-13.64)
Top1		-0.0009** (-2.04)	-0.0007* (-1.70)	-0.0004 (-1.32)
Indr		-0.0483 (-0.57)	-0.0590 (-0.71)	-0.0693 (-1.26)
Dual		0.0108 (0.78)	0.0181 (1.33)	0.0097 (1.09)
big4		-0.0433 (-1.50)	-0.0304 (-1.07)	-0.0125 (-0.67)
_cons	-0.3322*** (-52.45)	0.6091*** (4.12)	1.3007*** (7.74)	0.7378*** (6.64)
Year/Ind	No	No	Yes	Yes
R^2	0.0006	0.0340	0.0852	0.0904
$Adj-R^2$	0.0005	0.0333	0.0827	0.0879
N	13402	13402	13402	13402

注：***、**、*分别表示 1%、5%、10%的显著性水平，括号内为 T 值。

（四）稳健性检验

1. 替换衡量指标

为了保证研究结论的稳健性，参照已有文献，采用收益上下波动比率（Du-vol）度量股价震荡风险重新进行回归。由表 3.27 第（4）列可知，DCG 的系数为-0.0142，在1%的水平上显著，表明数字化转型（DCG）与股价震荡风险（Ncskew）呈负向显著关系。因此支持了前文假设H3-4-1。

2. 固定效应及剔除特殊年份

为了缓解个体层面和时间特质变量对回归的干扰，本节进一步控制了个体、时间以及双向固定效应。由表3.28第（1）～（3）列回归结果显示，DCG的系数分别为-0.0554、-0.0136、-0.0581，除年度固定效应在10%的水平上显著外，其余均在1%的水平上显著。这意味着，考虑个体和时间特质的遗漏变量后，数字化转型与股价震荡风险的负向关系仍然显著。

此外，为避免特殊年份对本节结论稳健性的影响，将2015年的样本剔除后重新进行回归。由表3.28第（4）列结果显示，DCG的系数大小及显著性未发生明显变化，表明数字化转型（DCG）能有效缓解股价震荡风险（Ncskew）。本节假设H3-4-1仍然成立。

表3.28　固定效应、剔除特殊年份、工具变量回归表

变量	（1） 个体 Ncskew	（2） 年度 Ncskew	（3） 双向 Ncskew	（4） 剔除特殊年份 Ncskew	（5） 第一阶段 DCG	（6） 第二阶段 Ncskew
M-DCG					0.8973 *** (15.85)	
DCG	-0.0554 *** (-3.79)	-0.0136 * (-1.72)	-0.0581 *** (-4.07)	-0.0233 *** (-2.82)		-0.1036 * (-1.76)
Controls	Yes	Yes	Yes	Yes	Yes	Yes
_cons	0.7171 * (1.81)	1.4384 *** (8.73)	0.6266 (1.39)	1.0525 *** (5.91)	-2.0098 *** (-10.96)	1.0841 *** (4.77)
Year/Ind	Yes	Yes	Yes	Yes	Yes	Yes
Adj-R^2	0.0274	0.0412	0.0195	0.0889	0.2527	0.0753
N	13402	13402	13402	12121	13396	13396

注：＊＊＊、＊＊、＊分别表示1%、5%、10%的显著性水平，括号内为T值。

3. 工具变量法

本节探讨的是数字化转型与股价震荡风险之间影响关系，虽然上述回归结果表明数字化转型缓解了股价震荡风险，但也可能是因为公司的股价震荡概率较高，促使管理者选择对市场具有正向积极的数字化转型战略以转变投资者对公司的不好印象，即数字化转型不是股价震荡风险的影响因素，而是其经济后果。为避免这种内生性对本书的不利影响，采取工具变量法缓解内生性问题。具体地，借鉴 Kusnadi 等（2015）、翟华云和李倩茹（2022）的研究，采用同年度、同行业其他公司的数字化转型中位数（M-DCG）作为工具变量进行回归。表 3.28 第（5）列显示了回归结果，M-DCG 的系数为 0.8973，在 1% 的水平上显著且 F 值为 130.4（>10），表明 M-DCG 作为工具变量是合适的。由表 3.28 第（6）列可知，DCG 的系数为 -0.1036，在 10% 的水平上显著，表明研究结论仍然稳健。

（五）影响机制检验

为进一步地探讨数字化转型抑制公司股价震荡风险的作用机制，揭开二者相关关系的"黑箱"，本节选取内部控制（DB）和经营风险（Risk）两个变量进行中介效应检验。

1. 内部控制的中介效应

实施数字化转型的企业将内部生产经营的各流程信息快速高效地进行挖掘、处理、整合，在很大程度上提升了信息传递效率、内部资源周转率，也提高了信息透明度，塑造了高效有序的内部治理环境，减少了管理层自利行为的发生，进而缓解了股价震荡风险。本节选取内部控制作为中介变量，探究是否存在"数字化转型—内部控制—股价震荡风险"这样一条机制路径。

由表 3.29 第（2）列可知，数字化转型（DCG）的系数为 0.0607，在 1% 的水平上显著，表明数字化能提高企业内部控制的水平。第（3）列为将内部控制作为中介变量纳入回归的结果，可知，数字化水平（DCG）与股价震荡风险（Ncskew）间仍然呈负向显著关系，且第（1）列 DCG 系数（-0.0166）小于第（3）列 DCG 的系数（-0.0136），由此可以判断数字化转型对股价震荡风险的影响有一部分是通过内部控制实现的，即数字化转型通过提高内部控制水平而缓解股价震荡风险。

表 3. 29　机制检验：内部控制与经营风险

变量	(1) Ncskew	(2) DB	(3) Ncskew	(4) Ncskew	(5) Risk	(6) Ncskew
DCG	-0.0166** (-2.11)	0.0607*** (6.79)	-0.0136* (-1.74)	-0.0152* (-1.84)	-0.0015* (-1.66)	-0.0144* (-1.73)
DB			-0.0494*** (-7.00)			
Risk						0.6081*** (7.21)
Controls	Yes	Yes	Yes	Yes	Yes	Yes
_cons	1.4489*** (8.42)	-2.9587*** (-10.43)	1.3029*** (7.56)	1.7345*** (10.01)	0.2384*** (13.00)	1.5895*** (9.13)
Adj-R^2	0.0931	0.1871	0.0967	0.0935	0.2454	0.0971
N	13017	13017	13017	12537	12537	12537

注：***、**、* 分别表示 1%、5%、10% 的显著性水平，括号内为 T 值。

2. 经营风险的中介效应

数字化转型将企业内部消息快速整合形成标准化、结构化信息输出，提高了管理者使用内部信息的效率。而且管理者借助于数字化技术，能及时地掌握市场中供求关系，大大提高经营决策的准确性，也能向管理者反馈其运营决策中存在的问题，便于适时调整，降低了经营活动存在的风险。因此，本节选择经营风险作为中介，探究"数字化转型—经营风险—股价震荡风险"是否为本节第二条机制路径。

由表 3. 29 第（5）列可知，数字化转型（DCG）的系数为 -0.0015，在 10% 的水平上显著，表明数字化转型能缓解企业经营风险。第（6）列为将经营风险作为中介变量纳入回归的结果，可知，数字化转型（DCG）的系数为 -0.0144，在 10% 的水平上显著，且第（6）列 DCG 的系数（-0.0144）大于列（4）DCG 的系数（-0.0152），由此可以判断数字化转型对股价震荡风险的影响有一部分是通过经营风险实现的，即数字化转型通过降低经营风险而缓解股价震荡风险。

（六）进一步分析——数字金融与产权性质的异质性分析

1. 数字金融

尽管企业数字化转型能够加强企业内部治理、降低企业经营风险，但在现实环境中，企业通常会面临各种资金约束，陷入"没钱转"的境地（王宏鸣等，2022）。数字金融作为传统金融的有益补充，一方面借助新技术缓解企业中长期存在的"融资难""融资贵"问题（黄锐等，2021），助力企业数字化转型；另一方面数字金融的发展，改善了市场需求环境，为企业数字化转型增加了更多机会。同时，数字金融也在一定程度上优化企业内部治理，降低股价震荡风险（吴非等，2020）。此外，数字金融的发展有效地缓解了内外部信息不对称问题（马连福和杜善重，2021），使得外部投资者减少了投机成本，更准确地判断出哪些企业是值得投资的，对推行数字化转型的企业产生正面预期，进而企业能获得外部市场的更多支持，加快企业数字化转型进程。因此，本节认为，数字金融能够促进企业数字化转型，且在数字金融发展好的地区，数字化转型对股价震荡风险的抑制作用更显著。参考吴非等（2021）等研究按照中位数将样本划分为两组，回归结果如表3.30第（1）~（3）列所示。从第（1）列可以看出数字金融与数字化转型的系数为0.1470（t值为3.80），在1%的水平上显著，说明数字金融有效促进了企业的数字化转型，是企业进行数字化转型的重要外部条件。从第（2）列、第（3）列可以看出，在数字金融高的地区，数字化转型对股价震荡风险的抑制作用显著（t值为-2.00）；在数字金融低的地区，虽然DCG的系数为负，但其显著性不符合要求（t值为-1.51）。这说明在数字金融普及较高的地区，数字化转型对股价震荡风险的缓解效果更好，符合预期。

2. 产权性质

由于国有企业是政府出资设立的企业，企业行为受政府控制与监管，内部治理水平较高，政府更愿意为其兜底，市场竞争压力相对较小，经营风险通常较低，出现股价震荡风险的可能性相对较小，因此可能会缺少进行数字化转型的动力。而非国有企业，无论在资金使用调度，还是在市场竞争压力上，都与国有企业相去甚远，因而企业有必要为了在市场中立足，积极主动进行数字化转型战略，以提升内部控制水平、降低企业经营风险。因而，本节认为，非国有企有更大的动力去实施数字化转型战略，其缓解股价震荡风险的效果也更好。表3.30第（4）~（5）列显示了区分产权性质的回归结果，可知非国有企业中，DCG的系数为-0.0271，且在1%的水平上显著；而在国有企业中，尽管DCG的系数为负，但t值只有-0.22，未通过显著性检验。因而，在非国有企业中数字化转型对股价震荡风险的缓解作用更强，符合预期。

表 3.30　数字化转型对股价震荡风险的影响在不同情况的回归结果

变量	(1) DCG	(2) 数字金融低 Ncskew	(3) 数字金融高 Ncskew	(4) 非国企 Ncskew	(5) 国企 Ncskew
INEX	0.1470*** (3.80)				
DCG		−0.0189 (−1.51)	−0.0211** (−2.00)	−0.0271*** (−3.05)	−0.0041 (−0.22)
Controls	Yes	Yes	Yes	Yes	Yes
_cons	−2.6722*** (−14.72)	1.3275*** (5.63)	1.9637*** (7.97)	0.7908*** (3.58)	1.9472*** (7.11)
Year/Ind	控制	控制	控制	控制	控制
Adj-R^2	0.2395	0.0831	0.0865	0.0748	0.1114
N	13402	6705	6697	9403	3999

注：***、**、*分别表示1%、5%、10%的显著性水平，括号内为 T 值。

四、结论及建议

本节以 2011~2020 年 A 股上市公司为研究对象，探究数字化转型对股价震荡风险的影响及可能存在的"黑箱"机制。主要得出如下结论：①数字化转型有助于缓解股价震荡风险，且在经过固定效应、工具变量回归等稳健性检验后结论依然成立。②数字化转型对股价震荡风险的缓解作用在不同数字金融发展水平及产权性质中具有非对称性效应。具体来看，数字化转型在非国有企业及数字金融普及较高的地区，对股价震荡风险的抑制效果更好。③从机制路径看，数字化转型通过提高内部控制、降低经营风险而降低股价震荡风险。即内部控制及经营风险是数字化转型与股价震荡风险间关系的中介桥梁。

基于上述结论，本节提出如下政策建议：

第一，我国企业应顺应时代潮流，抓住数字化转型大趋势。在数字经济如火如荼发展的大环境下，各企业需抓住数字化转型的机遇，加快数字化转型进程，促进企业高质量发展。当前，企业面临较大内外部风险，应抓住机会坚定数字化转型决心，提高内部控制管理、降低经营风险，以降低股价震荡风险。

第二，企业应避免盲目跟风，结合实际自身条件采取数字化转型战略。以数字金融普及较高的外部条件推动企业数字化转型升级，更好地发挥数字金融对实体经济风险管控的作用，为数字化转型在资本市场中更好的表现提供外部支撑。对于数字金融发展较差的地区，实施数字化转型战略前，应对转型战略进行多方考量、全方位部署，以确保转型战略为企业带来正向效益，最大程度地促进企业健康发展。

第三，政府部门应加强对非国有企业的支持，为企业数字化转型助力。由于数字化转型在非国有企业中，对股价震荡风险的缓解效果更强，且数字化转型具有高投入、长周期的特点，使得资金调度存在压力的非国有企业可能望而却步，因而外部政府应在企业转型时期给予非国有企业更多资金支持，加快企业数字化转型进程。

第四，各方应加快数字化人才培养建设，为数字化转型提供人才支撑。数字化技术飞速发展，数字化人才供不应求问题随之而来。人才队伍建设是企业稳定发展的基石，人才培养需要各方共同努力。政府应出台相关政策，加快数字化人才的引进与培育工作进程；各高校应注重培养学生专业知识与数字技术能力，为企业发展提供后备力量；企业本身要加大内部数字化培训，提高员工应对数字化挑战的积极性。

第四章　上市公司股价震荡案例启示及初步预警模型探析

第一节　上市公司股价震荡现象总体分析

一、我国历次股价震荡时间梳理

我国自 1990 年深、沪交易所成立之日起，共经历了九次巨幅震荡：

第一次，1992 年 5 月 26 日～11 月 17 日，历时半年，股指从 1429 点下跌到 386 点，跌幅高达 73%；

第二次，1993 年 2 月 16 日～1994 年 7 月 29 日，股指从 1558 点跌至 325 点，17 个月的时间跌幅高达 79%，同时在此期间上市公司数量激增；

第三次，1994 年 9 月 13 日～1995 年 5 月 17 日，股指从 1052 点跌到 577 点，跌幅接近 50%；

第四次，1995 年 5 月 22 日～1996 年 1 月 19 日，暴跌前最高点 926 点，从 1995 年 8 月开始走低，直到最低点 512 点；

第五次，1997 年 5 月 12 日～1999 年 5 月 18 日，这两年间股市迅速扩容，规模达到了此前最大，股指从 1510 点跌至 1025 点；

第六次，2001 年 6 月 14 日～2005 年 6 月 6 日，这一阶段进行了股权分置改革，股指从 2245 点跌至 998 点；

第七次，2007 年 10 月 16 日~2008 年 10 月 28 日，随着金融危机的爆发，股指便发生了历史上惊人的暴跌，从 6124 点跌至 1664 点，短短 12 个月的时间跌去了 73%；

第八次，2009 年 8 月 5 日~2014 年 7 月 21 日，从 3478 点跌至 1949 点；

第九次，2015 年 6 月 12 日至今，牛市后期，积攒的泡沫被短时间放大，后续资金不足，导致熊市的出现。

二、上市公司股价震荡特征分析

为了进一步探究我国上市公司股价震荡的特征，表 4.1 梳理了 2015~2021 年各年跌幅最大的 5 只股票。可以看到，自 2015 年股灾以来，几乎每年都有最大跌幅超 80% 的股票，而且经过暴跌震荡之后，大部分公司都已经退市或者重组。比如，众和股份在 2015~2017 年连续三个会计年度经审计的净利润均为负值，公司股票自 2018 年 5 月 15 日起暂停上市，2019 年 7 月 8 日正式退出 A 股市场；金亚科技在 2016~2018 年连续三个会计年度经审计的归属于上市公司股东的净利润为负值，公司股票自 2019 年 5 月 13 日起暂停上市；保千里视像在 2017 年期末净资产为负值，2018 年 5 月 3 日起予以退市警告，2019 年 5 月 24 日起该公司股票被暂停上市；神州长城 A 股、B 股股票在 2019 年 11 月 15 日被终止上市，自 2019 年 11 月 25 日起进入退市整理期；商赢环球在 2018 年、2019 年公司业绩亏损严重，进入了退市整理期；东方金钰自 2016 年开始，公司股价连续跌了 6 年，其间多个年份股价跌超 50%，且在 2020 年 12 月，连续 20 个交易日的每日收盘价均低于股票面值，最终被强制退市。

表 4.1　2015~2021 年跌幅最大的前 5 只股票

年份	公司简称	股票代码	跌幅（%）	公司现状
2015	安硕信息	300380	85.31	正常
	信雅达	600571	83.27	正常
	长亮科技	300348	82.95	正常
	汉邦高科	300449	82.66	正常
	京天利	300399	82.47	更名

续表

年份	公司简称	股票代码	跌幅（%）	公司现状
2016	兆日科技	300372	83.84	正常
	众和股份	002070	70.89	退市
	欣泰电气	300333	64.62	退市
	鞍中股份	003667	62.35	退市
	天玑科技	300245	59.26	正常
2017	金亚科技	300028	61.99	退市
	开尔新材	300234	62.78	正常
	ST 昌鱼	600275	63.37	退市
	中潜股份	300526	64.65	正常
	丝路视觉	300556	65.12	正常
2018	保千里视像	600074	88.30	退市
	ST 富控	600634	86.87	退市
	神雾环保	300156	84.98	退市
	金亚科技	300028	84.80	退市
	乐视网	300104	83.70	退市
2019	ST 赫美	002536	92.90	更名
	ST 信威	600485	92.80	退市
	神州长城	000018	92.73	退市
	退市华业	600240	92.61	退市
	ST 鹏起	600614	90.87	退市
2020	商赢环球	600146	92.37	退市
	ST 天夏	000662	84.73	退市
	ST 实达	600734	82.16	退市
	ST 八菱	002592	75.69	正常
	ST 当代	000673	75.69	退市
2021	东方金钰	600086	80.00	退市
	中公教育	002607	78.00	正常
	华夏幸福	600340	72.00	正常
	ST 凯乐	600260	71.00	正常
	ST 易见	600093	69.00	退市

资料来源：根据东方财富网资料整理。

综观近几年发生股价暴跌震荡的公司（见表4.2），发现只有2家公司是一般性国企，剩下的33家均为民营企业，约占样本的94%。从行业分布看，震荡风险较高的行业主要集中在软件和信息技术服务业、计算机、通信和其他电子设备制造业等，这些行业受主客观因素影响较为深远，近年表现不尽如人意，不少公司出现了暴跌震荡。另外，最近几年由于国家双减政策和针对房地产行业的金融收缩，这两个行业的公司大多经历了较大幅度的暴跌。从公司规模来看。在2015~2021年退市的公司中，资产规模在100亿元以下的中小型企业占多数，说明在应对生存风险方面，资产规模较大的公司更具优势。

表4.2 跌幅最大股票的公司特征

公司简称 ＼ 特征	所属行业	地区	国企数量	民企数量	资产规模（亿元）
安硕信息、长亮科技、丝路视觉、京天利、天玑科技、ST天夏	软件和信息技术服务业	上海、广东	1	5	30~150
金亚科技、汉邦高科、兆日科技、ST信威、ST实达、ST凯乐、保千里视像、欣泰电气	计算机、通信和其他电子设备制造业	四川、北京、广东、福建、湖北、江苏	0	8	20~90
神州长城、开尔新材	建筑装饰、装修和其他建筑业	四川、浙江	0	2	30~50
众和股份、商赢环球、中潜股份	纺织、服装业	上海、广东	0	3	35~80
ST昌鱼，东方金钰，神雾环保，信雅达，ST易见	其他行业（包括水产养殖、翡翠行业、环保、金融科技服务等）	湖北	1	4	20~45
ST富控、乐视网，ST当代	互联网传媒、游戏	上海、北京	0	3	50~100
退市华业、华夏幸福	房地产	北京	0	2	200~4500
ST鹏起、ST八菱	金属新材料、汽车零部件	河南、广西	0	2	15~80
中公教育	教育	北京	0	1	400

资料来源：根据CSMAR数据库整理。

第二节　债券违约与股价震荡预警
——以神雾环保为例

自 1983 年我国开始启动企业债发行以来，企业通过发行债券进行融资的历史已逾数十年。期间债市的波动对我国股市带来了深远的影响，特别是随着债券市场刚性兑付的打破，以及金融自由化的不断扩大和信息与资本的交互流通，各金融市场间的收益率越来越具有协同性，股市与债市常常表现为联动变化。

从 2014 年"11 超日债"违约打破我国债券市场刚性兑付局面后，公司债券发生违约的现象不断严重，违约主体及规模均不断增长，对债市和股市带来巨大冲击。短短 9 年时间，我国债券市场经历了 3 次违约潮：第一次是 2015~2016 年，由于经济增速下滑，钢铁煤炭等产能过剩企业爆发了第一次违约潮；第二次是 2018~2019 年，由于非标融资收缩，导致大量民营企业违约；第三次是 2020~2021 年，国企刚性兑付信仰进一步被打破，尤其以房地产行业最为突出。其中，2020 年债券违约最为严重，金额达到巅峰的 2315.73 亿元，违约债券的数量也从 2014 年的 6 只上升到 217 只。

本节选取神雾环保技术股份有限公司发行的"16 环保债"违约事件为研究对象，探寻事件发生的原因，讨论公司债券违约对公司股价震荡及财务危机的影响，试图从债券违约风险的角度探寻风险预警机制对债券发行主体、债券市场监管方、债券投资者等提供具有参考价值的政策建议。

一、"16 环保债"违约事件回顾

神雾环保技术股份有限公司（以下简称神雾环保）于 2004 年在北京注册成立，初始注册资本共计 10.1 亿元，股票代码 300156，神雾环保控股股东为神雾集团。神雾环保专业领域为节能环保领域，是一家向煤化工、石油化工领域的客户提供节能减排与环保综合解决方案，在专业领域具有较强能力与优势的节能环保类制造企业。2018 年 3 月 14 日，神雾环保发布公告称，因企业资金链较为紧

张，无法按期兑现"16 环保债"投资者作出回售本金及利息。该公告标志着"16 环保债"的实质性违约。

"16 环保债"于 2016 年 3 月 14 日发行，债券代码为 118579，债券总发行额即本金共 4.5 亿元，债券类型为私募债券，通过非公开方式向合格投资者询价，并由发行人和承销商协商确定为 8%。"16 环保债"偿还期限为 3 年，每年支付固定利率的利息额。存续期第二年末即 2017 年末，发行人可以选择上调票面利率，投资者拥有回售选择权，即投资者可以在债券发行两周年时间将债券回售。"16 环保债"发行主体为神雾环保技术股份有限公司，神雾环保实际控制人神雾科技集团股份有限公司作为债券担保人，债券连带责任担保人为神雾集团控股股东及董事长吴道洪，华创证券为"16 环保债"主承销商。根据条款，"16 环保债"作为非公开发行公司债券，每年付息一次，到期一次性偿还债券本金。债券从 2016 年 3 月 14 日开始计息，2017~2019 年每一年度的 3 月 14 日支付固定利率利息。

自"16 环保债"发布后，主体信用评级保持在 AA 级，但随着业绩下滑及重大重组失败，2018 年初评级机构将"16 环保债"主体信用评级下调至 A-，并将债券发行主体列入观察名单，此举引发"16 环保债"投资者对债券发行主体的不安情绪。为解决投资者信任危机，2018 年 2 月 6 日，"16 环保债"的发行人神雾环保在深交所发布公告，宣布将"16 环保债"票面利率上调 100 个基点，2019 年票面利率经利率上调后调整为 9%。但票面利率上调行为未能帮助"16 环保债"走出信任危机，2018 年 2 月 13 日，投资者一方完成回售登记，"16 环保债"投资者决定回售所有持有的"16 环保债"债券，拟回售不含利息金额共计 4.5 亿元。鉴于投资者回售登记情况，神雾环保发布公告，宣布将不晚于 2018 年 3 月 14 日回购全部"16 环保债"债券并清偿应付利息，应清偿本息共计 4.86 亿元。但最终神雾环保未能如期兑现承诺并于 2018 年 3 月 14 日发布无法偿还债券本金及应付利息的公告。至此，由神雾环保发行的"16 环保债"发生实质性违约。

二、债券违约引发股价震荡

在发布无法兑现回购承诺公告后，深交所紧随其后向神雾环保下发关注函，并要求神雾环保就未能兑现回购承诺作出补充说明。受债券违约影响，原本计划回售债券的投资者已无法达成回售目标，债券投资者因此遭受严重的损失。除对债券投资者造成影响外，"16 环保债"的违约也对其主体神雾环保投资者造成较大影响。2017 年 7 月，神雾环保宣布因重大重组实施停牌。2018 年 1 月，复牌后因重组失败等负面消息引发股价震荡，因股价触及平仓线再次实施停牌，加之债券违约影响，投资者因持有神雾环保股份导致的损失已无法计量。为寻求解决办法走出困境，神雾环保实际控制人神雾集团主动出击尝试与部分潜在战略投资者谈判，潜在战略投资者中包括大型国有企业、大型国有控股投资集团及金融机构等，但谈判进度较为缓慢。同时，神雾环保在债券违约后，通过加速应收账款回收、拓宽外部融资渠道等方式筹集资金以缓解现金流紧张带来的压力。对于债券发行主体神雾环保而言，股票停牌外加债券违约，导致神雾环保融资渠道的阻塞，加之日益恶化的财务状况，神雾环保已处于岌岌可危的境地。2018 年前，神雾环保的股价一般都保持在 20 元以上，最高股价高达 59 元，进入 2018 年，股价连续暴跌，截至违约公告发出后的第一个交易日，股价已经跌至 12.52 元，且之后一路持续下跌，截至 2020 年 6 月 18 日，神雾环保退市，股价仅剩几毛钱。

三、"16 环保债"违约成因分析

（一）外部因素

1. 宏观行业环境

2014 年以来，我国经济增长方式发生转变，GDP 进入个位增长时期，整体经济进入调整期，经济发展面临的下行压力增加。人口红利逐渐消失与劳动力成本的逐步上升，土地及矿产资源成本不断上涨，加大环境治理力度使高耗能、高污染行业成本大幅上升等因素导致整体煤化工、石油化工等行业的发展遭遇重创。对于为这些行业提供节能环保综合解决方案的神雾环保来说，除了自身行业生产环节成本上升，客户行业企业经营状况的恶化对于其影响也是直接且严重的。同时，客户的转型升级导致传统需求下降，直接影响了神雾环保的业务收入与盈利水平。此外，煤炭化工作为"夕阳产业"，在我国的市场需求有限，难以再进行市场开发，神雾环保的核心业务是煤化工节能环保综合解决方案，这种背

景下神雾环保若不进行转型改变核心业务内容，从长期看必将严重影响企业发展，甚至导致企业破产。

2. 市场竞争格局

随着环保法案出台，我国对环境保护的重视程度不断提高，对于传统高耗能行业企业始终保持高压，关停大规模无法达到环保标准的中小型企业。在重视环保的背景下也催生了一大批将节能环保改造工程作为主营业务的节能服务业企业，自 2014 年至今，以环保产业为主营业务的上市企业已超过 500 家，整体环境保护市场由"蓝海"转变为"红海"，竞争激烈程度亦不可同日而语。

神雾环保作为较早进入环保工程市场的企业，在市场环境宽松，竞争激烈程度较低的背景下可以保持一定规模的营业收入，但随着市场竞争进入白热化后，本已萎缩的高耗能行业市场中诸多竞争对手的存在，导致神雾环保失去部分潜在客户，市场占有率随着竞争逐渐激烈不断下降，新产品研发进度因资金无法持续投入严重滞后，由此导致的盈利能力下降致使神雾环保的整体财务状况不断恶化。在最新的环保产业发展报告中，神雾环保在环保工程中行业排名较为滞后，无论是市场占有率还是总收入、净利润，均低于三聚环保、启迪桑德、格林美等节能服务业领军企业。

3. 国家发展政策

进入 21 世纪后，在粗放型发展政策的影响下，国内充斥着大批高耗能高污染企业，环境问题日益尖锐。对此，我国出台了一系列政策，改变了粗放型经济发展方式，如出台《环保法》、推动供给侧改革，这些政策变相推动了高能耗产业的转型升级，且节能服务业在环保政策颁布初期市场规模潜力较大，催生了部分将环保工程作为主营业务的环保型企业。但随着环保政策的逐步推进，节能服务业企业面临着高污染高能耗企业规模即环保工程市场的萎缩，加之环保政策催生的大规模环保企业，导致环保市场竞争激烈程度远超以往，环保企业整体营收与利润率下滑严重。部分侧重研发的环保企业如神雾环保，为保持竞争力，在行业不景气企业经营状态不佳时往往会寻求融资渠道举债经营。

在融资渠道方面，为了治理金融乱象，2015 年以来我国出台了一系列金融去杠杆政策，虽然去杠杆政策卓见成效，金融乱象得到有效治理，但无形之中封堵了民营企业融资渠道。民营企业的特点决定了在其经营过程中融资的重要性，在金融去杠杆后，银行融资渠道的融资难度大幅上升，民间借贷渠道也遭大力整治，民营企业融资渠道逐渐收窄，优秀的民营企业可以通过上市公开发行股票及发行债券进行融资，经营状况一般的企业则难以生存。神雾环保自发行"16环保债"后短期内经营状况得到改善，但融资带来的红利消失后经营状况逐渐恶化，偿债能力因此大幅降低，且在债券回售期股票停牌，融资渠道被封堵，最终无法维持现金流偿还到期债务导致债券违约的发生。

4. 资本市场监管

当前我国资本市场监管权力主要集中在部分机构，在政府主导对资本市场集中监管的基础上，财政部与中国人民银行作为监督与管理机构协助政府对资本市场进行监管。证监会名义上是我国资本市场监管机构，但证监会并非独立机构，其日常运作均依附于国务院。中国人民银行主要负责对债券市场中各债券发行的监管，证监会负责对股票、基金、债券的监管，证监会在资本市场中往往扮演协调的角色，监督的权力与效力无法得到充分发挥。资本市场有效监管的长期缺失，间接导致了资本市场的混乱局面，由于监管部门建设无法匹配市场规模的快速增长，监管机构在很长的一段时间内无法对市场做出有效监管，证券市场与债券市场长期处于缺失基本建设的局面。同时，资本市场运行与市场结构等方面的缺陷长期存在，如上市公司不合理的股权结构、不健全的风险预警体系及信息不对称等问题。

为解决部分短时间内凸显的问题，证监会往往实施欠缺考量的急救措施，虽然短期内可以将问题解决，但从长期看不利于整个市场的监管体制建设。以发达国家证券市场治理为例，几乎所有发达国家证券市场监管机构在成立时均制定了相应的行为准则与监管框架，监管机构的所有行动均基于这些框架。在行为准则与监管框架无法得到有效建设与执行的情况下，市场监管上被动地解决问题，对风险预警的滞后等问题也是长期存在的。神雾环保作为发债主体自2016年的"16环保债"发布后虽长期保持在AA的评级，但在2016年后其经营状况已逐步恶化，证监会在债券发行主体业绩不断下滑的情况下并未敦促对其主体评级调整，也未在发生违约前下发关注函。在债券发生实质性违约后，证监会在发生违约当天火速下发关注函，在证监会关注下"16环保债"主体信用评级亦被调整至BBB。尽管证监会采取了一系列措施，但在债券已经发生违约后挽回损失的可能性已微乎其微。由此可见，我国的资本市场现阶段效率较低，与资本市场强势监管的缺失不无关系。

（二）内部因素

1. 融资需求大，偿债能力较弱

神雾环保主营开展方式为通过对工程项目总承包，向煤化工、石油化工等领域客户提供节能环保综合工程解决方案，每个工程项目的开展均需大量的资金推动。截至2018年，神雾环保公布的重要工程项目共8个，且均采用工程总承包（EPC）模式，在建项目需不断投入资金，导致神雾环保经营活动现金流出较多。根据年报披露，神雾环保2017年经营活动现金流出额为26.87亿元，远高于经营活动现金流入额13.29亿元，由于2018年在建工程规模有所增加，2018年经营活动现金流状况进一步恶化，经营活动面临的资金压力进一步增加，因此神雾环保的融资需求长期存在且融资规模在一定时期内会保持在较大规模。

作为民营企业，神雾环保现金流并不充裕，因此神雾集团的日常经营对外部融资的依赖性较强，神雾环保在应收账款管理方面较为混乱，经营活动产生应收账款但后续的回款催收较为缓慢，回款周期长，资金流动性差，在整体业绩下滑时也没有出现明显的改善，现金流难以覆盖全部到期债务。一方面工程回款周期长，另一方面对现金流需求额巨大，无法有效覆盖短期债务，如果没有源源不断的资金进入，神雾环保的日常运营很容易卡壳。节能环保工程项目进行总承包后工程周期一般较长，且项目开展期间占用大量资金，因此，神雾环保在众多项目同时开展时更考验其资金调动能力。若项目开展期间出现流动性缺口，将承担一定的资金链紧张甚至断裂风险。

2. 营收过度集中，涉及关联方交易

2014～2018年，神雾环保营收逐渐集中在其前五大客户，来自前五大客户营收占总销售额比例达到约94.38%。这五大客户中，前两大客户占据近75%的份额，且皆为神雾环保实际控制人神雾集团的关联方，这些信息均在神雾环保年报中披露。占据神雾环保2014～2018年营业收入接近70%的两个关联交易对象分别为乌海洪远新能源科技有限公司、新疆胜沃能源开发有限公司。关联方交易带来的最为直接的结果是神雾环保资金回笼速度长期处于较低水平，应收账款周转率因此受到较为严重影响，为日后神雾环保无法及时偿还到期债务，"16环保债"发生违约埋下伏笔。

拥有乌海洪远股份最多的前三大股东分别为：长新衡盛投资合伙企业，持股比例为83.11%；前海恒泽荣耀基金管理有限公司，持股比例为15.20%；神雾环保技术股份有限公司，持股比例为1.69%。其中，持股比例最高的股东长新衡盛的股东为神雾环境能源科技集团股份有限公司与神衡投资管理有限公司，上述两家公司与神雾环保相同，均为神雾集团旗下子公司，合计持有乌海洪远股份的30%。神雾集团作为神雾环保控股股东直接与间接持有乌海洪远股份比例达到约26%。

持有新疆胜沃股份最多的两大股东分别为：商禾环保产业投资合伙企业，持股比例为62.50%；北京和义时代投资有限公司，持股比例为37.50%。神雾环保实际控制人神雾集团间接拥有新疆胜沃第一大股东商禾环保33%的股份。经计算，神雾集团作为神雾环保控股股东间接持有关联交易对象新疆胜沃能源开发有限公司大约20%的股权，因此神雾环保与乌海洪远、新疆胜沃之间的交易均构成关联方交易。

3. 核心业务市场竞争力不足

根据2018年节能环保产业排行榜，神雾环保在节能环保类企业中排名第17位，处于行业中游，无论是营业收入水平还是净利润都远低于行业领军企业，环保行业龙头企业净利润为25.09亿元，而神雾环保利润仅3.61亿元（见图4.1）。节能服务行业整体市场规模有限，当前行业中小企业居多，行业自身的发展处于政策红利逐渐消失的阶段，市场竞争较政策红利消退前更为激烈，要在激烈的竞争环境下保证市场占有率及营收规模，企业与主营业务相关的产品需要拥有较强的行业竞争能力。

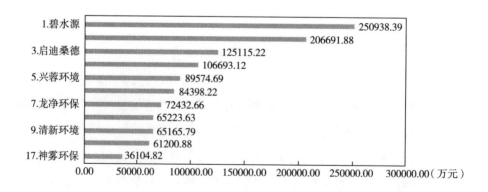

图4.1 节能环保产业企业净利润排行榜

神雾环保发展战略是基于研发乙炔化工新工艺成本较低及其他优势，将业务延伸至乙炔化工下游产业链，同时推进煤热解提质项目研发进度，提供煤炭高效清洁利用的解决方案，但相关行业市场已趋于饱和，在无法确保核心业务竞争力的情况下，神雾环保很难在行业中处于领先地位。加之工程回款周期长，经营业绩下滑等因素，神雾环保研发投入难以得到保证，导致产品迭代速度减缓。2016年后，神雾环保研发项目进度基本处于停滞状态，市场占有率进一步下降，盈利能力不足，外加在建工程项目导致的持续性的经营活动资金净流出，神雾环保不得不寻求除证券以外的融资渠道，但"16环保债"所筹集到的资金不过是杯水车薪，经营状况持续恶化的神雾环保，在无法创造新的业务增长点的情况之下，最终无法偿还到期债务，导致实质性违约。

4. 财务状况不断恶化

为了更清晰地评价神雾环保的财务状况，本节选取了处于领先地位的碧水源和处于行业指标平均水平的高能环境作为对照公司（见表4.3）。从盈利能力看，2013~2016年，神雾环保经历了一波高速增长，但在2017年，盈利能力出现大幅下滑，究其原因可能是2016年证券市场行情因素及金融去杠杆政策使得神雾环保融资渠道收窄，导致其陷入资金紧张的困境。同时说明了神雾环保经营业绩稳定性较差，一旦行业情况发生变动，盈利能力随之发生波动。类似的还有总资产周转率，2017年相较2016年出现了大幅度的下滑。从偿债能力角度看，环保行业普遍存在偿债能力不足的特征，在负债规模不断增加以及神雾环保自身经营状况逐渐变差的情况下，神雾环保的资产负债率处于波动上升的趋势，除发行债券获得融资，经营状况得以改善的2016年外，其他年度几乎均高于行业龙头企业及行业平均水平。在较差的长期偿债能力的影响下，即便"16环保债"未提前进行回售，也存在无法偿还到期利息及本金而发生违约的风险。

表4.3　神雾环保盈利能力指标对比

盈利能力指标	样本	2013 年	2014 年	2015 年	2016 年	2017 年
EBIT/总资产（%）	碧水源	17.17	15.95	12.86	9.67	9.81
	高能环境	17.64	8.43	9.26	10.06	11.13
	神雾环保	2.66	7.79	11.00	22.12	13.07

续表

盈利能力指标	样本	2013 年	2014 年	2015 年	2016 年	2017 年
EBIT/总资产（%）	碧水源	0.47	0.37	0.36	0.35	0.36
总资产周转率	高能环境	0.56	0.34	0.32	0.41	0.44
	神雾环保	0.10	0.12	0.44	0.76	0.46
	碧水源	1.47	1.53	2.68	1.12	1.39
流动比率	高能环境	1.15	1.39	1.16	1.04	0.83
	神雾环保	1.85	1.69	2.11	3.00	1.84
	碧水源	36.82	38.76	23.27	48.63	56.44
资产负债率（%）	高能环境	41.05	41.44	43.32	52.26	58.45
	神雾环保	45.87	42.90	42.13	48.73	60.98

资料来源：根据巨潮资讯网企业年度报告数据整理。

在债务规模方面，神雾环保应付利息由 2013 年约 419.90 万元增长至 2017 年约 3030 万元，应付利息规模在 5 年间增加了 7 倍。同时，受限于 EPC 工程总承包的经营模式，神雾环保在工程项目期间需要先行偿付货物及劳务等价款，2013~2017 年，神雾环保开展的工程项目数量不断增加，导致应付账款规模随之增加，应付账款金额从 2013 年的 1.781 亿元陡增至 2017 年的约 14.18 亿元，对于偿债能力本就孱弱的神雾环保，更是雪上加霜。

债务偿还方面，2013~2017 年，神雾环保每年度偿还债务支付的现金自 2013 年起从 3.13 亿元不断增加并保持在较大数额，2017 年偿还债务支付的现金增长至约 6.34 亿元。债务规模增加带来的一系列问题，如应付利息及应付账款的增加导致短期与刚性债务规模的增加等，导致神雾环保日常生产经营举步维艰。在这种财务状况下，保证债务得到及时清偿已困难重重，确保企业处于健康良性的发展状态则更为艰难，神雾环保陷入债务的泥潭中难以自救，最终发生债券违约。

四、构建初步风险预警模型

债券违约不仅给投资者带来严重的资产损失，违约公司自身也将在资本市场上遭到反噬，引起股价暴跌震荡。因此，对公司违约风险进行预警也可以有效地避免公司因违约导致的股价震荡。由前文分析可知，公司发生违约是宏观和微观多种因素共同导致的，对违约风险的预警，理论上应该同时包括宏观和微观的因素。其中，企业微观层面的业绩表现、不当行为、治理效率等信息，可从企业公开披露的财务与非财务数据中获取；宏观经济风险通常是导致整个资本市场陷入困境的系统性风险，不可分散，并且宏观层面的风险最终体现在微观企业的财务数据上，因此，大量学者和实务工作者通过观测企业相关的财务指标对企业的违约风险进行预测。段霞（2012）以我国制造类上市公司为样本，采用 Z 值及 F 分数模型成功预测了信用风险发生的概率。本节在此基础上对"16 环保债"进行违约风险评估时引用 Z 值与 F 分数模型，通过计算神雾环保 2013~2017 年各年度的 Z 值情况，结合违约风险演变进程来分析"16 环保债"违约风险的变化情况，并对不同违约风险演变阶段监管方、债券投资者与债券发行主体采取的违约风险应对措施进行分析。

（一）"16 环保债"违约风险演变过程

对近年来违约债券的数据进行统计分析可以看出，大多数债券违约的发生，都是风险因素逐步积累演变后产生的结果。债券违约从风险产生到违约发生大致可以分为四个阶段，即风险萌芽期、风险积蓄期、风险呈现期与风险应急处置期，如表4.4所示。

表4.4　违约风险发展阶段

违约风险发展阶段	核心环节	判断指标	要素	预警能力
风险萌芽期	经济增速下滑	GDP、CPI 等	经济周期	中
	行业营收下降或产能过剩	景气指数	行业特征	中
	政策限制或行业过度竞争	宏观政策、行业竞争形势	行业特征	强
	金融环境恶化	信贷规模、融资环境	经济周期	中
	管理层动荡	频繁更换高管	负面舆论	中
	经营状况恶化	主营业务收入及利润	财务指标	强
风险积蓄期	盲目多元化或过度扩张投资	投资杠杆率、投资幅度、业务规模	财务指标	强
	负面事件	法律诉讼、财务造假等	负面舆论	强

续表

违约风险 发展阶段	核心环节	判断指标	要素	预警能力
风险积蓄期	利润降低或发生亏损	利润率指标	财务指标	中
	债务集中到期	短期债务、负债构成比例	财务指标	强
风险呈现期	外部评级调整	主体信用评级调降	负面舆论	强
	融资能力降低	发债企业融资能力	财务指标	强
	发生流动性危机	流动比率、现金流状态	财务指标	强
	变卖优质资产	企业相关措施	负面舆论	强
	存在流动性缺口	企业相关措施	负面舆论	强
风险应急 处置期	寻求融资	企业相关措施	负面舆论	强
	发生实质性违约	企业相关措施	负面舆论	强

资料来源：根据万德资讯网资料及相关数据整理。

由表 4.4 可以对违约风险发展的四个阶段进行总结：风险萌芽期，主要表现为宏观经济增速下行，行业不景气，金融环境恶化，产生风险萌芽的因素均为外部因素；风险积蓄期，在经营状况恶化、过度扩张等内部因素的作用下，违约风险不断积累，受制于信息披露质量等因素的影响，这一时期企业的实际状况并不容易被外部察觉，但通过蛛丝马迹依然可以发现，如企业发生诉讼、管理层震荡等；风险呈现期，受到盈利能力下降、融资困难等因素影响，企业往往会出现流动性紧张，若这种情况下大笔债务集中到期，则企业发生严重的资金链危机甚至违约的概率也大幅增加；应急处置期，企业往往面临流动性危机，会采取一系列措施进行补救，当所有措施均无法补救企业流动性危机时，企业会发生实质性违约。

结合上文分析得出的债券违约成因与违约风险发展阶段，可以看出，2016年"16 环保债"发行，其发行背景是我国整体经济增速下行，环保行业由于政策红利消失及行业竞争加剧，整体行业发展步伐放缓。同时，由于金融环境恶化，通过证券市场进行融资相较于以往更为艰难。这些因素与风险萌芽期特征相符，因此，在"16 环保债"发行当年，神雾环保作为发债主体已经处于违约风险萌芽期。由于获得融资，神雾环保工程项目得以推进，经营业绩在 2016 年有所改善，但这种业绩改善仅存在于不断有新的融资流入神雾环保开展的工程项目内，一旦融资减少或无法获得融资，公司发生流动性危机的概率会大幅增加。

进入 2017 年，神雾环保经营状况较 2016 年明显恶化，总资产净利率、销售净利率等指标表现均不如通过发行债券获得大额融资的 2016 年，且被揭露存在大量关联方交易，外加重组失败这一负面消息，可以看出，神雾环保 2017 年已进入风险积蓄期。

2018 年 2 月 13 日，"16 环保债"投资者选择回售全部债券，此举意味着神雾环保在短期内产生大量刚性债务，对现金流本就紧张的神雾环保来说无疑是一个灾难，神雾环保违约风险完全显现，进入风险呈现期。在短暂的风险呈现期后，应急处置期随之而来，因神雾环保无力偿还到期债务，"16 环保债"发生实质性违约，神雾环保实际控制人神雾集团为帮助神雾环保偿还债务，试图引入战略投资者为神雾环保注资，但最终宣告失败。

（二）Z 值风险预警模型

通过对神雾环保的综合分析可以看出应收账款回收隐患、偿债能力羸弱等问题是其发生违约的重要因素，但仅凭财务指标分析难以将这些指标对债券违约的影响具象化。要对违约债券风险演变过程有更为直观的了解，可以引用 Z 值风险评估模型，该模型用来衡量上市公司财务状况的健康程度，并结合企业综合能力等对企业短期内爆发财务危机的可能性进行预测，通过模型分析投资者及企业管理层可以对其面临的风险有更为具象化的认识。该模型通过将企业的经营状况数值变化来分析企业经营风险，并设定数值警戒线对经营风险标准化，Z 值模型不仅有助于简化风险评估流程，且对企业面临风险的规模认知更为精确。Z 值风险评估模型自提出后即跟随资本市场特征不断进行修正以适应资本市场的发展步伐，Altman 于 1995 年修正后的企业 Z 值的基本模型如下：

$$Z = 0.717X_1 + 0.847X_2 + 3.107X_3 + 0.420X_4 + 0.998X_5 \qquad (4.1)$$

式中，X_1 表示营运资金/资产总额；X_2 表示留存收益/资产总额；X_3 表示息税前利润/资产总额；X_4 表示投资者权益市值总额/负债总额；X_5 表示销售收入/资产总额。

经 Altman 研究，$Z < 1.81$ 时，即 Z 值处于 1.81 这一警戒线之下，企业有很大可能发生破产；$1.81 < Z < 2.675$ 时，Z 值已高于 1.81 破产警戒线但仍未达到高于 2.675 的安全区间，这一数值区间的企业处于"灰色区域"，无法对破产可能

性做出准确判断，只能确定企业当前财务状况是不稳定的；$Z>2.675$ 时，Z 值已脱离"灰色区域"，高于这一数值的企业财务状况较为稳定，破产发生概率较低。

本节根据 Z 值模型及神雾环保年报，将数据汇总并进行计算与分析，计算结果如表 4.5 所示。从 Z 值来看，$2013\sim2016$ 年，神雾环保的 Z 值处于不断上升的趋势，代表神雾环保整体财务风险逐步降低。在我国环保政策、宏观经济向好、市场规模提高，以及神雾环保业务拓展、营业状况有所好转等因素的影响下，神雾环保 Z 值由 2013 年的 0.78（存在较大破产风险），上升至 2016 年的 2.20，进入破产风险"灰色区域"。但神雾环保仍未摆脱破产危机，整体财务状况仍然不稳定。进入 2017 年后，在宏观经济增速下行，环保行业市场行情低迷，以及神雾环保自身业绩和经营活动中应收账款与债务规模等因素的影响下，神雾环保 Z 值骤降至 1.34，重新降低至 Z 值小于 1.81 的境地，财务状况进一步恶化。

表 4.5　Z 值模型计算结果统计

年份	Z 值	X_1	X_2	X_3	X_4	X_5
2013	0.78	0.38	0.07	−0.05	1.18	0.10
2014	1.19	0.27	0.11	0.04	1.33	0.22
2015	1.57	0.35	0.16	0.07	1.37	0.39
2016	2.20	0.57	0.23	0.17	1.05	0.62
2017	1.34	0.41	0.20	0.07	0.64	0.39

资料来源：根据巨潮资讯网企业年度报告数据整理。

由 Z 值模型计算结果作出神雾环保 $2013\sim2017$ 年 Z 值变化趋势图，如图 4.2 所示。根据图 4.2 可以看出，不论在债券发行前还是发行后，神雾环保的财务状况始终处于一个较为危险的状态。尽管处于风险萌芽期的神雾环保在发行债券当年即 2016 年获得 4.5 亿元融资，经营状况得以改善，Z 值模型显示其财务状况为数年中最好的一年，但在这一增长趋势的背后，是神雾环保应收账款规模不断扩大且存在大规模关联方交易，应收账款周转率始终处于较差水平。加之负债规模的不断扩大，流动负债占比逐渐提高，为神雾环保后期债务偿付留下隐患。

"16 环保债"发生违约前一年，即 2017 年，受到外部环境与应收账款周转率及债务规模等因素影响，神雾环保经营与财务状况发生恶化进入违约风险积蓄期，这一恶化过程直接表现为神雾环保 Z 值降至 1.34，处于破产边缘。2018 年，神雾环保无法偿付到期债务，"16 环保债"发生流动性危机并最终实质性违约。"16 环保债"违约风险演变过程与其发行主体神雾环保 Z 值恶化趋势完全吻合。由此可见，预测企业财务风险的 Z 值模型结合企业自身状况后在债券违约预警方面同样具有可行性。

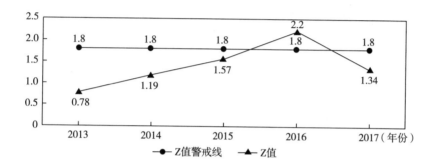

图 4.2　Z 值变动趋势

（三）F 值风险预警模型

不同于 Z 值模型通过营运能力、盈利能力及偿债能力等综合财务因素对企业经营风险进行评估，F 值风险评估模型增加现金流量作为企业违约风险评估指标，充分考虑到现金流量因素对企业偿债能力及经营风险的影响。选取 F 值风险评估模型可以作为 Z 值风险评估模型的补充与完善，对神雾环保违约风险进行更为全面的分析与评估。经改进后的 F 值基本模型如下：

$$F=-0.1774+1.1091X_1+0.1074X_2+1.9271X_3+0.0302X_4+0.4961X_5 \qquad (4.2)$$

式中，X_1 表示营运资金/资产总额；X_2 表示留存收益/资产总额；X_3 表示（息税后净收益+折旧）/平均总负债；X_4 表示投资者权益市值总额/负债总额；X_5 表示（息税后净收益+利息+折旧）/平均总资产。

F 值模型公式中，除 X_3 与 X_5 外，其余自变量计算过程与 Z 值相同，所有自变量均依据企业财务数据获得，模型中系数通过对资本市场数据样本库进行宏观与微观分析获得并依据数据样本库变动更新。经研究，F 值模型分析企业违约风险临界点为 0.0274，但不同行业企业临界值会出现浮动，临界点浮动区间为

[-0.0501, 0.1049]。$F < 0.0274$ 时，即企业 F 值处于 0.0274 这一警戒线之下，企业会有很大可能发生破产；$0.0274 < F < 0.1049$ 时，F 值已高于 0.0274 这一破产警戒线，但仍未达到高于 0.1049 的安全区间，这一数值区间的企业处于"灰色区域"之中，需进一步分析做出准确判断；$F > 0.1049$ 时，F 值已脱离"灰色区域"，高于这一数值的企业财务状况较为稳定，破产发生概率较低。

本节根据 F 值模型及神雾环保年报，将数据汇总并进行计算与分析，计算结果如表 4.6 所示。由表 4.6 可知，2013~2017 年，神雾环保 F 值虽持续高于 F 值破产警戒线，受益于发行债券获得 4.5 亿元融资，神雾环保各项指标在 2016 年均处于较好水平，但在其他年度均表现不佳，这说明神雾环保的财务状况始终处于不稳定的状态。具体表现为作为衡量现金流可用于偿还债务的 X_3 及作为创造现金流量能力的 X_5 指标，神雾环保在 2013~2017 年中除 2016 年外始终处于较弱水平。

表 4.6　F 值模型计算结果统计

年份	F 值	X_1	X_2	X_3	X_4	X_5
2013	0.0359	0.3829	0.0696	-0.1239	1.1803	-0.0314
2014	0.0648	0.2671	0.1066	-0.0525	1.3312	-0.0091
2015	0.4012	0.3545	0.1571	0.0575	1.3734	0.0330
2016	1.0859	0.5731	0.2303	0.2603	1.0522	0.1401
2017	0.5160	0.4113	0.1991	0.0854	0.6400	0.0645

资料来源：根据巨潮资讯网企业年度报告数据整理。

依据神雾环保 2013~2017 年筹资活动现金流入与 X_3 与 X_5 两项指标作出图 4.3。由图 4.3 可知，X_3 与 X_5 两项均在神雾环保在 2013~2016 年不断获得大量融资时保持良好的发展趋势，但 2017 年在外部融资环境恶化、应收账款回收难度增加、坏账损失隐患逐步增加后，X_3 与 X_5 两项指标均发生大幅下滑。综合来看，F 值模型计算出的神雾环保违约风险发展趋势与 Z 值模型所得到的结果不尽相同。根据图表及数据预测，若 2018 年神雾环保筹资活动现金流入仍发生下滑，坏账损失隐患爆发，则神雾环保 2018 年将面临更为严重的亏损，债券违约金额仍无法得到及时清偿。

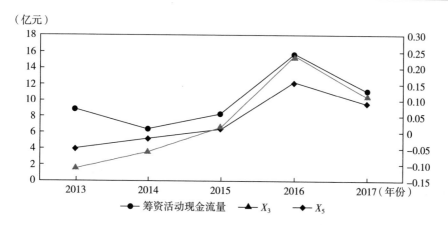

图 4.3 复合变动趋势

五、违约风险应对措施

（一）监管方应对措施

神雾环保于 2016 年发行"16 环保债"，债券类型为私募债，发行过程较为顺利，监管方未采取严格审查等措施。2016 年，尽管神雾环保经营状况虽持续好转，但其已处于违约风险萌芽期，应收账款较为集中且关联方规模较大，Z 值模型计算结果显示其处于灰色区域，这些状况监管方并未进行关注，未考虑预期经营状况所带来的潜在违约可能性。

2017 年，"16 环保债"处于风险积蓄期，其主体 Z 值已降至风险警戒线之下，F 值处于违约"灰色区域"需加强关注，但监管方并未对已被揭露存在大规模关联方交易及较差的应收账款回款率这些异常信息进行关注，也未采取行动。神雾环保决定进行财务重组时，监管方仅进行审查流程，未对神雾环保财务状况进行关注，直至 2018 年债券违约发生，监管方才对神雾环保未如期兑付本金及利息等事项下发关注函。说明了监管方的违约风险应对措施未能预警并阻止此次债券违约的发生。

（二）投资者应对措施

由于"16 环保债"为私募债，仅向具有资格的投资者发售，因此投资者交易状况无法获取，但神雾环保发售债券当年年报数据显示，通过发行债券神雾环保非流动负债金额增加约 4.5 亿元，代表着神雾环保所有发售的债券均被购买持有。"16 环保债"发售时的购买情况说明债券市场投资者在购买债券时并未对神雾环保整体经营状况进行全面系统的分析。若投资者利用 Z 值与 F 值并对其应收账款规模等进行关注，分析其违约风险时便会发现，发售"16 环保债"虽处于违约风险萌芽期，Z 值低于财务危机警戒线，F 值持续处于发生违约的"灰色区域"，依然存在较大的违约风险。

2018 年，投资者出于对神雾环保偿债能力的担忧选择回售债券，此时神雾环保证券价格在神雾环保经营业绩下滑与重组失败等消息的影响下已接近股权质押平仓线，不得不临时停牌且其控股股东神雾集团所持部分股权遭法院冻结。投资者的行为可以看作是一种保护投资避免损失的表现，但为时已晚，债券违约风险已完全显现，即使决定回售全部份额，神雾环保依旧无法兑付。由此可见，投资者的违约风险应对措施是较为滞后的。

（三）债券发行主体应对措施

神雾环保对于自身经营情况具有较外界更为充分的了解，从其发行债券融资用途为用于日常经营活动可以看出其自身财务状况并不理想。发行债券后通过债券融资取得的资金由于工程项目数量与规模过于庞大迅速消耗殆尽，由于 2017 年神雾环保业绩及财务状况下滑严重，处于债券违约风险积蓄期的神雾环保决定进行重组，神雾环保股票停牌，该项举措可以视为神雾环保为保证自身经营情况及对 2018 年债券违约风险预防的措施，但神雾环保最终未能抓住这一"救命稻草"，神雾环保虽然提前采取了违约风险应急处置期的措施，但最终宣告失败。

重组终止令神雾环保证券市场处境雪上加霜，股价逼近股权质押平仓线，实际控制人持有的股份遭法院冻结，最终在投资者选择回售债券时由于无法偿还到期债务造成实质性债券违约。神雾环保虽预见了债券违约风险的增加，但并未做出更为有效的防范措施进行自救，导致其最终无法阻止债券违约的发生。违约事件发生后，公司潜藏的各类问题全面爆发，主要工程项目施工停滞，大额债务逾期，诉讼和仲裁案件增多，人员大量流失，经营急速恶化。2020 年 6 月 18 日，深交所决定神雾环保股票终止上市。

第三节 股权质押与股价震荡风险预警
——以恺英网络股权质押为例

2017 年，贾跃亭 10 亿股权质押爆仓，乐视网的股价暴跌不仅收割了大量投资者还顺带连累了西部证券、安信证券、方正证券等 13 家机构，给资本市场造成了恶劣影响。此后的 2018 年，A 股市场个股频频闪崩，尤其是被大股东大量质押的股票成为跌停榜主力军。在企业的生存发展中，融资是一个不可或缺的环节，而股权质押式融资因其程序简单、门槛较低，备受控股股东的青睐。但股权质押也是一把"双刃剑"，在股权结构更为集中的民营企业中，大比例地使用股权质押，公司控制权与所有权的分离将会更大，公司将难以限制大股东的权利，届时公司大股东很可能会为了自己的私利而做出损害公司利益的行为。因此，如何有效地监督和管理股权质押融资成了当下要面对的首要难题。

本节选取了影视行业中的恺英网络公司（股票代码 002517）为例，深入研究股权质押融资方式的风险点，解释股权质押风险的作用机制和影响途径，并提出相应的政策建议。本研究发现，股权质押行为给市场传达了企业资金不足、融资不畅、经营状况不佳等消极信号，这些负面消息加剧了公司股价的波动，如果股价下跌，又进一步影响股权质押的价值，质权人将要求股东补充质押或提前赎回质押股权。若无法补充质押或提前赎回质押的股权，控股股东可能会产生控制权转移的风险，而控制权转移风险将进一步加剧股价的波动，造成恶性循环。此外，股权质押风险通过影响短期市场、使控股股东的两权分离程度加深以及影响控股股东的地位等途径，将风险传导至上市公司，加剧了公司的财务风险，对企业的长期偿债能力、盈利能力造成严重的负面影响。本节拓宽了股权质押的研究思路和角度，为其他民营上市公司筹集资金和经营管理提供借鉴，为其他企业利用资本市场资源、拓宽融资渠道提供了有益的思路。

一、恺英网络股权质押过程回顾

恺英网络股份有限公司（以下简称恺英网络），成立于 2008 年 10 月 30 日，是由王悦、冯显超两人合伙创建的一家集社区游戏、网页游戏、手游研发发行于一体的互联网娱乐公司。2015 年 12 月，恺英网络借壳泰亚股份成功在深交所上市。不过，恺英网络自上市以来控股股东一直保持高质押率的状态，同时每年的质押率均在逐年上升，2018 年时控股股东质押率达到了 99.99%。在高比例质押的同时，恺英网络控股股东的质押频率也极高，自 2016 年以来的 3 年时间，公司共向不同的证券机构进行了 67 次质押。其中，公司于 2018 年进行的 36 次质押中有 32 次是因为股价下跌而进行的补充质押，真正出于控股股东个人意愿进行的质押主要集中在 2016~2017 年。表 4.7 显示恺英网络控股股东的质押行为都是连续进行的，几乎每个月都有质押行为的发生，如此频繁的质押在一定程度上说明公司营运资金较为匮乏，且伴随着一定的财务风险。

表 4.7 恺英网络控股股东股权质押明细表

公告日期	股东名称	质押方名称	质押方类型	数量（万股）
2016-03-05	冯显超	国泰君安	证券公司	2050
2016-04-07	上海圣杯	海通证券	证券公司	1700
2016-04-27	王悦	国泰君安	证券公司	708
2016-07-16	王悦	方正东亚信托	信托公司	444
2016-07-16	王悦	浙江中大元通融资租赁有限公司	证券公司	2821
2016-08-20	王悦	上海海通证券资	资产管理公司	517
2016-08-31	冯显超	申万宏源	证券公司	1180
2016-09-10	王悦	中信建投	证券公司	602
2016-11-04	冯显超	申万宏源	证券公司	2034
2016-11-04	王悦	中信建投	证券公司	75
2016-12-15	王悦	浙江中大元通融资租赁有限公司	其他机构	100
2016-12-15	王悦	浙江中大元通融资租赁有限公司	其他机构	150
2017-01-17	王悦	浙江中大元通融资租赁有限公司	其他机构	150
2017-01-20	冯显超	申万宏源	证券公司	600
2017-01-24	冯显超	长江证券	资产管理公司	200

续表

公告日期	股东名称	质押方名称	质押方类型	数量（万股）
2017-01-24	王悦	中信建投	证券公司	150
2017-01-24	王悦	浙江中大元通融资租赁有限公司	其他机构	1000
2017-03-08	冯显超	中信建投	证券公司	640
2017-05-23	上海圣杯	上海海通	资产管理公司	798
2017-05-25	上海圣杯	上海海通	资产管理公司	1764
2017-05-25	王悦	兴业证券	证券公司	194
2017-05-27	上海圣杯	上海海通	资产管理公司	1237
2017-06-21	王悦	兴业证券	证券公司	797
2017-06-22	冯显超	兴业证券	证券公司	150
2017-07-28	王悦	浙江中大元通融资租赁有限公司	其他机构	879
2017-08-12	王悦	上海海通	资产管理公司	748
2017-08-12	王悦	兴证证券	资产管理公司	1379
2017-08-17	王悦	上海海通	资产管理公司	261
2017-08-28	上海圣杯	上海海通	资产管理公司	356
2017-09-27	冯显超	兴证证券	资产管理公司	1420
2017-11-04	冯显超	上海海通	资产管理公司	2050

资料来源：根据 CSMAR 数据库资料整理。

二、企业不当行为对公司股价及业绩的影响

（一）股权质押配合股价拉升，高位套取资金

如上文所言，恺英网络的股权质押高速增长期为 2016~2017 年，此时公司的股价也全部位于历史高位（见图 4.4）。2018 年后，公司股东的质押行为在同一时间突然停止，全年进行的 36 次质押中有 32 次是因为股价下跌而进行的补仓，控股股东自主进行的质押行为仅有 4 次，这一切仿佛是恺英网络的控制人早早就预料到股价的高点，提早质押完大部分股权一般。结合公司 2019 年公布的公司前董事长、现任董事长、财务总监等一系列高管因涉嫌操作股价、内幕交易而被立案调查的新闻看，可以合理估计恺英网络的大股东在 2016~2017 年通过操纵股价、投资并购热点概念将股价维持在高点，随后利用股权质押套取大量资金。由于股权质押所能获得的资金是按公司股票在当时市场上的市值乘以折扣率

进行计算的，因此在公司股价处于最高点时质押公司股票将能够获得最多的资金。

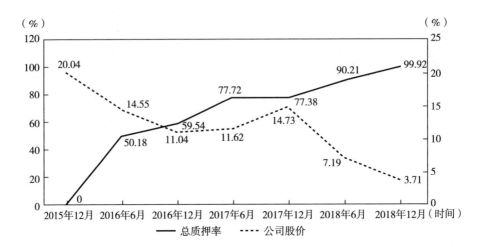

图4.4 恺英网络股权质押率与股价变动对比

（二）高溢价并购与关联方交易

自恺英网络借壳上市以来，公司不断开展投资扩张，短短3年里就对14家公司进行了超过30亿元的投资。在公司开展的多项投资并购中，开支最大的是收购浙江盛和网络科技有限公司，2016年和2017年的两笔投资金额合计达18.06亿元。参照浙江盛和在并购前1.02亿元的净资产，如果以16.65亿元收购51%的股权来算，恺英网络给浙江盛和的估值为32.65亿元，这笔收购溢价高达30倍。2018年恺英网络耗资10.64亿元收购的浙江九翎也溢价了6.5倍。如此高溢价的并购给企业带来的并非实打实的资产增长，而是积累在公司账面上的大量商誉，这些商誉也为公司2019年计提21亿元的商誉减值埋下了伏笔。

在这两笔收购中，公司表示与浙江九翎和浙江盛和均不存在关联方关系，然而事实并非如此，随着公司高管先后被立案侦查，双方之间的关联关系逐渐清晰。浙江九翎的早期股东杭州九玩公司曾持有浙江九翎51%的股权，而杭州九玩是由浙江盛和大股东金某所控制，也就是说浙江九翎和浙江盛和在早期都是由同一人所控制。除此之外，通过天眼查可以发现，两家公司的注册地都在同一栋楼里。

由此可见，恺英网络、浙江盛和与浙江九翎这三者之间绝非公司公告中所公布的毫无关联关系，恺英网络收购浙江九翎与浙江盛和近 30 亿元并购款，极有可能通过恺英网络流入到并购公司中。

三、股权质押与股价溢价率

股权质押物的价值随着股票价格的波动而变化，当市场不景气时，公司股价下跌，质权人为了保护自己的利益，可能在股价跌到平仓线时出售质押股票来收回资金。届时，公司的控制权出现变化，则可能发生二级市场的恐慌形成"踩踏效应"，加剧市场上的波动。为了研究股权质押与股票溢价率的关系，本节分别选取了 2016 年 4 月 27 日、2017 年 5 月 25 日、2017 年 6 月 21 日、2017 年 7 月 28 日四个股权质押公告作为研究对象，采用事件研究法探究每次股权质押对公司股票溢价率的影响。

首先，以上述四个公告日作为事件日，以事件日前后 5 天为窗口期，如果出现法定节假日或者当日股票停牌，将会自动往后延续一个交易日。按照时间顺序排列定义为事件 1 到事件 4。

其次，计算累计超额收益率 CAR 值，定义超额收益率（ARt）＝实际收益率（Rt）－正常收益率（RMt）。其中，正常收益率指该上市公司如果未发生此次事件，公司股票给投资者带来的收益。计算股票正常收益率的模型通常有均值调整模型、市场模型和市场调整模型三种。本节运用市场调整法，将考虑现金红利再投资流通市值加权平均市场日收益率作为正常收益率，股票的实际收益率则选取考虑现金红利再投资的日个股回报率。累计超额收益率（CAR）则为当日的超额收益率加上前一日的超额收益率。

计算结果如表 4.8 所示，在事件 1 的质押公告公布之前整体 CAR 值波动较为平缓，上下浮动不超过 0.025。但在公告后的第一天，超额收益率就出现大幅下滑，从 −0.0084 下降到 −0.0506，同比下降 502.38%，之后的累计超额收益率变动也呈明显的下跌趋势。上述变化说明，市场投资者认为此次股权质押对公司的未来的经营发展为负面影响。在投资者看来，恺英网络所公布的股权质押公告向市场传递出公司营运状况不佳，无法通过其他方式筹集资金的利空信号。因此，投资者会倾向于卖出手中的股票来规避风险。类似地，事件 2 到事件 4 的股权质押事件市场也都作出了负面回应，四次股权质押后的累计超额收益率均呈现下降趋势。

表 4.8　恺英网络其他四个事件的短期市场效应

	事件 1		事件 2		事件 3		事件 4	
	ARt	CAR	ARt	CAR	ARt	CAR	ARt	CAR
-5	-0.0459	-0.045	-0.0097	-0.0097	-0.0085	-0.0085	0.0094	0.0094
-4	-0.0211	-0.0670	-0.0250	-0.0346	0.0013	-0.0072	0.0022	0.0116
-3	0.0035	-0.0635	0.0019	-0.0328	0.0037	-0.0035	0.0148	0.0264
-2	0.0041	-0.0593	-0.0005	-0.0333	0.0020	-0.0015	-0.0077	0.0187
-1	0.0079	-0.0514	-0.0030	-0.0363	-0.0122	-0.0137	0.0033	0.0220
0	-0.0084	-0.0598	-0.0020	-0.0383	-0.0214	-0.0351	-0.0230	-0.0010
1	-0.0506	-0.1104	0.0167	-0.0216	-0.0019	-0.0370	-0.0018	-0.0028
2	-0.0138	-0.1242	-0.0319	-0.0535	-0.0188	-0.0558	-0.0016	-0.0044
3	-0.0036	-0.1278	0.0115	-0.0420	0.0030	-0.0527	-0.0094	-0.0138
4	0.0143	-0.1135	0.0098	-0.0322	0.0105	-0.0422	-0.0136	-0.0274
5	-0.0064	-0.1199	0.0022	-0.0300	-0.0137	-0.0559	-0.0014	-0.0288

资料来源：根据 CSMAR 数据库资料整理。

四、股权质押影响公司股价波动的路径分析

通过上文的分析可以看出，恺英网络控股股东股权质押给市场放出了消极的信号，使得股价出现短时间的下跌，诱发了市场风险的出现。股价的波动反映出投资者情绪的变动，然而股权质押理应为一中性的融资手段，为何在资本市场上却给投资者留下了负面印象？原因可能在于上市公司在进行股权质押公告时并不需要公布资金的用途，对于处在信息劣势方的中小股东就很容易受到恐慌情绪的影响。参考表 4.9 恺英网络控股股东在 2017 年的 9 次质押公告可见，公司全年的质押资金用途都做了模糊处理，仅仅有一句简单的"融资担保"，中小投资者难以获得任何信息。由于中小投资者和控股股东存在着天然的信息不对称，股权质押筹集到的资金无论是否用于企业发展，都会被中小投资作为负面信息来回应，当负面信息持续地积累，久而久之，公司的市场风险会越来越高。

表 4.9 恺英网络 2017 年股权质押资金用途披露

公告日期	质押股数（万股）	质押资金用途
2017-01-17	150	融资担保
2017-01-24	200	融资担保
2017-01-24	150	融资担保
2017-05-25	1764	融资担保
2017-06-21	1237	融资担保
2017-07-28	150	融资担保
2017-08-12	879	融资担保
2017-08-17	748	融资担保

资料来源：根据巨潮资讯网企业年度报告数据整理。

五、构建初步预警模型——Z 值模型

Z 值模型最早由 Edward Altman（1968）提出，该模型通过 5 个财务指标加权分析公司的破产风险程度，模型具体展示如下：

$$Z = 0.012X_1 + 0.014X_2 + 0.033X_3 + 0.999X_5 \qquad (4.3)$$

变量定义与前文式（4.1）一致。经整理和计算，恺英网络 2015～2018 年的 Z 值数据如表 4.10 所示。

表 4.10 恺英网络 2015～2018 年 Z 值具体计算数值

日期	X_1	X_2	X_3	X_4	X_5	Z
2015-12-31	0.3756	0.3011	0.4841	13.6286	1.7262	1.8309
2016-12-31	0.6447	0.2685	0.1646	31.4456	0.6701	0.8750
2017-12-31	0.3376	0.4187	0.2850	7.6476	0.5133	0.5780
2018-12-31	0.2517	0.4219	0.0468	14.3606	0.3765	0.4728

资料来源：根据 CSMAR 数据库资料整理。

从表 4.10 可以看到，自 2017 年开始恺英网络的 Z 值就出现持续下降的状态，2018 年底，公司的 Z 值下跌到了 0.4728。一般来说，公司的 Z 值在 2.675 以上，说明公司的经营状况较好，破产风险较小；Z 值在 2.675～1.81，说明公

司财务状况一般；Z 值低于 1.81，说明公司经营状况不佳，公司破产风险较大。恺英网络借壳上市前的第一年 Z 值为 1.83，属于财务状况一般的状况，但从借壳上市后公司的 Z 值开始大幅度下降，之后每年的 Z 值均低于 1，标志着公司存在较高财务风险的概率大，并且公司很可能会破产。对比恺英网络的股权质押时间表，2016~2017 年是公司股权质押行为的活跃时期，也正是在这个时间段，公司 Z 值下降最为明显。

通过分析表 4.10 中的各项数值可以发现，恺英网络 Z 值下降的主要原因是由 X_3 和 X_5 两个指标变化导致的。从 2016 年开始，公司大比例股权质押，并将质押资金大量投入到并购和投资中，使得公司账面资产从 2016 年开始快速增长，2018 年，公司账面资产已增长 6 倍，但公司的销售收入和净利润的增长并没有跟上公司的扩张速度。对比 2016 年的销售收入和净利润，公司 2018 年的销售收入和净利润反而倒退，直接导致 X_3 和 X_5 两个数值出现大幅下降。

六、上市公司防范股权质押风险的对策建议

（一）调整公司内部治理机构

恺英网络的股权过于集中，公司高管的职能有较多重叠，这样的现象会使得整个公司的经营管理只服从一两个人命令，类似的情况在中国市场上屡见不鲜。过于集中的控制权，会使得控股股东在股权质押后，大幅降低侵占公司利益的成本，利用信息和控制权的优势地位，将上市公司变成个人谋取私利的工具。而且从恺英网络的整个质押过程可见，公司股票价格不断波动，给整个市场带来了较大的不稳定性。因此，在管理股权质押的风险问题时，加强对大股东的管理，调整公司内部治理机构就成了当务之急。具体的维护策略可从以下几个方面入手：

（1）控股股东在进行股权质押时，控股股东需要严格按照公司章程规定提出质押申请，股东大会仔细审查质权公司和控股股东的财务情况，提前识别控股股东质押股份可能带来的风险，在控股股东缺少还款能力或质押比例过高时不允许其对外质押。控股股东在质押时要附上详细的贷款使用计划书，说明质押贷款的具体用途，并向市场投资者进行公告。股东大会在控股股东拿到贷款后继续监督控股股东，保证其按照贷款使用计划书使用资金。

（2）公司应健全独董制度，为公司引入独立的第三方人物，从一定程度上限制控股股东的权利，为中小股东和广大投资者发出声音。在恺英网络的案例中，就出现过公司大量独董主动辞职的情况，独董通过辞职这一行为向市场传递出公司内部管理有严重问题的信号，吸引了监管部门的注意，也给中小投资者做出警示。

（3）通过限制控股股东股权质押后的控制权，改善股权质押后两权分离加剧的问题。两权分离是控股股东质押后侵占动机上升的主要原因，控制权和现金流权的不匹配为控股股东侵占公司利益降低了侵占成本。因此，通过限制控股股东股权质押后对公司重大事件的表决权，就可以将控股股东的控制权和现金流权重新匹配，从而减少控股股东进行利益侵占的空间。

（二）加强控股股东股权质押信息的披露

我国市场上使用股权质押融资已经相当普遍了，但股权质押的信息披露机制却没有跟上，绝大部分的公司股权质押披露都不够透明。

为了完善公司的股权质押信息披露机制，在对外进行质押公告时除公布必要的基本信息外，还要公布控股股东的财务状况和质押资金的预定使用用途，如果该笔资金被用于控股股东个人对外投资，可以对项目或股权的具体信息及预计盈利能力进行披露。投资者一方面可以对控股股东是否以资金占用、关联担保等方式图利自身进行跟进了解，另一方面关注控股股东财务状况，判断在面临平仓压力时其是否有足够的偿债能力保持对于股权的所有权，从而避免因无法补充质押导致的公司控制权转移或者造成的股价进一步下跌。

（三）建立风险预警系统

公司应建立股权质押风险预警系统。要对公司股票价格进行重点关注，关注股权质押的预警线和平仓线，明确股权质押风险的类型和相关指标，并及时进行监测。公司应该对股权质押风险作出全面的分析，对股权质押的风险提前检测，如果发现股权质押存在风险迹象，就要提前预警，尽量降低风险水平，并制定风险防范机制和措施，对股权质押的风险做出有效的控制，避免其对公司的经营发展产生不利影响。此外，公司应该充分重视大股东的两权分离问题，根据大股东具体的股权质押情况制定相应的约束标准和监测机制，定期对大股东的两权分离情况进行测试，避免两权分离程度不断加深引发的不良影响。对大股东股权质押行为进行约束，有利于保护中小股东的利益，有利于促进公司的稳定发展，也能为大股东带来更多利益，带来积极的市场效应。

（四）券商应在风险可控范围内发展股权质押业务

第一，银行、基金、信托等金融机构应该严格审查企业股权质押的申请条件。在与企业签订股权质押合同前，应该对申请企业做全面的考察，了解质押企业的财务状况和经营情况，仔细分析其财务数据和相关财务指标；要了解公司的资本结构、股权结构、内部控制结构等，是否能为还款提供保证；了解公司历年的股权质押情况，质押比例是否过高，是否存在风险；对申请企业的信用等级做出评价。此外，质权人最好能了解出质人筹得资金的去向，也有利于质权人更好地规避风险。

第二，银行、基金、信托等金融机构应该建立上市公司股权质押相关信息的数据平台，与证监会等相关部门实现信息共享。金融机构可以了解上市公司历来的股权质押情况，了解上市公司股权质押的交易时间、数量、比例、用途、期限等相关信息，也可以据此对企业的偿债能力做判断，有利于股权质押融资的科学健康发展。

（五）完善股权质押相关法律制度

要想为资本市场的健康可持续发展保驾护航，尽量减少控股股东股权质押行为造成的负面影响，国家立法部门应完善股权质押相关的法律制度，提高股权质押的门槛，规范控股股东的股权质押行为，加强法律层面的监督。立法机关需要在相关法律条文中对股权质押的设立条件、股权质押率的上限及调整办法、股权质押合同的具体内容、合同双方的风险控制措施等作出明确规定或限制。与此同时，国家应成立专门的监管机构或监管小组，严格遵守相关法律法规的要求，充分发挥监管职能，实时监测控股股东股权质押的行为及产生的风险，有重大情况出现就通知相关部门采取风险控制措施，以维护我国资本市场尤其是股权质押市场的稳定长远发展。

相关部门可依据我国证券市场的相关规定来制定股权质押的风险控制措施。据股权质押市场的相关数据统计，有 10 家证券公司共计完成了近一半的股权质押交易，针对如此集中的股权质押业务，监管机构应严格限制单个公司控股股东的股权质押比例，如规定上市公司最多只能质押 10% 的股份给单个证券公司，质押比例超过 50% 的股份不能再进行质押等，以减少股权价值波动，增加公司股价的稳定性，降低股权质押带来的风险，保障资本市场的平稳有序。

第五章　股价震荡风险预警模型构建与改进

第一节　Logistic 预警模型及其改进

一、Logistic 预警模型研究

Logistic 模型又称为逻辑回归模型，是一种广义线性回归模型。在许多实际问题中，因变量常为定性变量，因此不适用于传统的线性回归模型。Logistic 回归分析、Probit 分析、对数线性分析等统计方法常被用于处理分类因变量的问题，其中，Logistic 回归模型是依据单个或多个离散型或连续型自变量对离散型因变量进行分析和预测的有效方法。本节聚焦于股价暴跌震荡问题，选用二元逻辑回归模型，当股价发生崩盘事件时 $y=1$，而当股价正常波动时 $y=0$。

Logistic 回归分析作为一种有效的数据处理方法在众多领域已有广泛应用，如经济预测、疾病诊断、政治行为研究等方面。杨柏辰等（2021）通过分析问题企业和正常企业数据，聚焦多维度财务指标，建立了基于 Logistic 回归的企业财务风险诊断系统识别模型，研究结果显示，模型在对样本企业是否具有财务风险的识别准确性达到 87%。Sahana 等（2017）建立逻辑回归模型对山体滑坡的风险进行预测，将发生山体滑坡的风险划分为非常高、高、中和非常低五个类别，验证结果表明，该模型能很好地服务于滑坡灾害管理。张乐勤和陈

发奎（2014）为探究城镇化演进对耕地的影响，基于改革开放以来中国城镇化水平的数据资料，构建了中国城镇化演进的 Logistic 模型，并据此对城镇化的未来发展状况进行了预测。方匡南等（2020）所建立的 Logistic 回归信用评分模型，可以有效解决有监督模型中存在的线性不可分的难题，同时充分利用样本信息做出最优的变量选择。通过实验表明，所建立的模型在未来预测的准确度上显著优于有监督模型。熊熊等（2011）以 1998 年 5~9 月"香港保卫战"和 2002 年国际投行操纵案作为危机发生样本，同时选取 1998 年 1~5 月和 2002 年 1~4 月的非操控时段为正常样本，通过考察一定时期内股指期货市场的波动性以及流动性指标构建，Logistic 模型预测股指期货是否被操纵的概率。研究表明，Logistic 模型在预警股指期货方面有较好的适应性。

为了提高 Logistic 模型预测效果，诸多国内外学者将其与其他模型相结合，提高模型拟合效果，从而更适用于实际问题的解决。方匡南等（2014）巧妙地将 Logistic 模型与 Lasso 模型相结合后，构建个人信用评估模型，实证分析结果显示，Lasso 模型的引入可以加快计算速度，并使得模型预测准确率大幅提升。Zhou 等（2017）将条件最大似然估计（CMLE）与 Logistic 模型相结合，通过研究过去的网络结构，动态预测未来的链接，通过大量仿真实验结果显示该模型性能良好。Diaz 等（2023）提出了基于正则化逻辑回归（RLR）的新方法，用于提高检测视觉 P300 的精度，结果显示，该方法对 P300 的识别具有可接受的性能，并通过实验证明了所提出模型实现和预测的优越性。文守逊和赵浩为（2008）融合了 Logistic 模型和支持向量机模型（SVM），构建了上市公司总经理离职行为预警模型，不过遗憾的是作者仅构建了理论模型，并未应用于实践数据。

二、研究设计

（一）数据来源和样本筛选

由于本节着重考察因公司自身原因导致的个股震荡概率，因此需要尽量剔除极端宏观经济因素导致的系统性风险，至少要避开已经发生过大规模股市震荡的时间段。本节以 2016~2020 年报表作为研究对象，定义任意 60 天内股价跌幅超过 50% 的公司为股价震荡公司，并定义发生股价震荡的年份为 T 年，同时收集 T-1 期、T-2 期的相关数据。然后，根据已有研究的惯例，按照 1：3 的比例对每一家发生股价震荡的上市公司选取同行业、同年度的 3 家正常公司作为配对样本，并作如下选择：

（1）剔除变量有缺失值的样本；

（2）对连续变量进行双侧 1% 缩尾（Winsorize）处理，以消除极端值预测结果的影响；

（3）剔除行业观察值小于 10 的上市公司，以确保衡量公司信息透明度指标的可靠性和有效性；

（4）剔除差异较大的金融行业。

经过以上处理后，共获得 716 个样本。其中实验组有 179 个样本，对照组有 537 个样本。以上数据来源于国泰安数据库。

（二）变量界定

对于股价震荡的定义及判定标准，理论界和实务界尚未有统一的结论和判定标准。不过，可以基本达成共识的是，发生股价震荡的公司其收益率呈现极大负值。基于此，华尔街将股价震荡定义为单日或数日累计跌幅超过 20%。很显然，由于我国股市有 10% 的跌（涨）停板，因此该标准并不适用。我国实务界更倾向于将股价震荡（崩盘）界定为短期内累计跌幅超过 50%。同时，从事理论研究的学者们也做了大量的努力，尝试通过统计方法或者构建数理模型更准确地刻画股价震荡。Marin 和 Olivier（2008）通过数据测算将股价震荡的判定标准界定为股票超额收益率标准差的 2 倍，如果股票超额收益率减去过去 60 个月的平均超额收益率小于等于临界值时，则认为发生了股价。Hutton 等（2009）则判定标准定义为个股当年周收益率标准差的 3.09 倍，如果股票周收益率与其年均差值大于其临界值，则代表股价发生暴跌震荡（崩盘）。本节拟借鉴 Marin 和 Olivier（2008）的做法界定股价震荡（Crash）。此外，本节分别从宏观环境、企业业绩表现（财务指标）和公司行为（非财务指标）三个角度选取了相关指标作为解释变量。具体计算过程如表 5.1 所示。

（三）模型构建

虽然本节在样本选择中已经删除了发生大规模股价震荡的年份，但是个股的价格表现会不可避免地受到宏观经济因素的影响，也会与大盘指数大概率保持一致性，为了衡量和控制这些因素的影响，我们首先构建模型（5.1）：

表 5.1 变量定义

变量分类	变量名称	计算过程
股价震荡	*Crash*	若个股超额收益率减去过去 60 个月的平均超额收益率小于或者等于个股超额收益率标准差的 2 倍，则取值 1，否则取 0
宏观经济变量 X	巨潮大盘成长指数 X_1	实时指数＝上一交易日收市指数×$\sum$（成份股实时成交价×成份股权数）/$\sum$（成份股上一交易日收市价×成份股权数）
	国内生产总值指数 X_2	以上一年为基期计算的国内生产总值指数（上年＝100）
	投资者情绪指数 X_3	借鉴易志高和茅宁（2009）的方法，采用如下模型计算投资者情绪指数：$CICSI = 0.231 \times DCEF + 0.224 \times TURN + 0.257 \times IPON + 0.322 \times IPOR + 0.268 \times CCI + 0.405 \times NIA$，其中：$DCEF$ 为基金折价率；$TURN$ 为月交易金额与月流通市值的均值比；$IPON$ 为当月 IPO 的个数；$IPOR$ 为 IPO 流通股数加权的平均收益率；NIA 为上月新增投资者开户数的对数值
	道琼斯指数 X_4	入选股票的价格之和/入选股票的数量
财务指标 Y	公司规模 Y_1	公司总资产对数
	托宾 Q 值 Y_2	（流通股市值+优先股价值+负债净值）/账面资产总计
	每股净资产 Y_3	期末净资产/加权股数
	资产报酬率 Y_4	净利润/总资产
	资产增长率 Y_5	期末总资产/期初总资产
非财务指标 Z	公司治理指数 Z_1	选取高管与董事长二职合一、独立董事比例、董事会规模、监事会规模、公司前三位高管薪酬对数、女性高管比例、女性董事比例、女性监事比例、独董工作地点与公司位置是否一致、前十大股东是否存在关联等变量进行主成分分析，选取特征值大于 1 的主成分最终构造出公司内部治理指数
	盈余管理（可操控性盈余） Z_2	采用修正的 Jones 模型估算可操控性应计盈余 Z_2
	会计稳健性 Z_3	借鉴 Sudipta Basu（1997）的逆回归模型来衡量公司会计稳健性，用下列公式分行业、年度回归求系数：$EPS/P = \alpha_0 + \alpha_1 D + \beta_0 \times R + \beta_1 D \times R + \varepsilon$，其中：$EPS$ 为每股收益；P 为年初股票价格，取 4 月最后一个交易日的股票收盘价；R 为年个股回报率，取当年 5 月至次年 4 月的买入并持有收益率；D 为虚拟变量，当 $R<0$ 时，取值 1，反之为 0；系数 β_1 反映了会计盈余对"坏消息"的敏感度比对"好消息"敏感度的增量，如果该值大于 0，则说明会计盈余对"坏消息"反应比"好消息"迅速，则会计稳健性越强
	个股贝塔系数 Z_4	根据资本资产定价模型，运用最近 1 年的数据估计出来的贝塔系数。其中，股票的收益率采用"考虑现金红利再投资日个股回报率"，市场组合的收益率采用"考虑现金红利再投资的日市场回报率（流通市值加权平均法）"，无风险利率采用"日度化无风险利率"

变量分类	变量名称	计算过程
非财务 指标 Z	数字化转型 Z_5	ln（年报中数字化转型检索次数+1）
	连锁股东 Z_6	公司有连锁股东的取值1，否则为0
	高管金融背景 Z_7	如果公司当年的管理层团队中至少有一位具有金融背景的管理者则取1，否则取0
	月平均换手率 Z_8	年度内月换手率均值
	周收益率的上下波动比例 Z_9	借鉴 Jin 和 Myers（2006）的研究衡量周收益率的上下波动比例：$Z_9 = \log\{[(n_u-1)\sum_{down}Z_{10}{}^2]/[(n_d-1)\sum_{up}Z_{10}{}^2]\}$，其中 Z_{10} 为公司特质周收益率，n_u（n_d）为个股特质周收益率大于（小于）该年平均特定周收益率的周数
	公司特质周收益率 Z_{10}	首先针对个股构建下列方程：$r_{i,t} = \alpha_0 + \alpha_1 D + \beta_{1,i} \times r_{m,t-2} + \beta_{2,i} \times r_{m,t-1} + \beta_{3,i} \times r_{m,t} + \beta_{4,i} \times r_{m,t+1} + \beta_{1,i} \times r_{m,t+2} + \varepsilon$。其中，$r_{i,t}$ 为考虑现金红利再投资的周个股收益率，$r_{m,t}$ 为按照流通市值加权平均法且考虑现金红利再投资的综合周市场收益率。$Z_{10} = \ln(1+\varepsilon)$
	高管过度自信 Z_{11}	若高管增加所在企业的持股数量，且增加持股数量的原因并不是由于企业送股以及配股引起的，则取值1，否则取0
	高管减持股票 Z_{12}	任期内高管发生减持行为取1，否则取0
	内部控制质量 Z_{13}	借鉴迪博公司设计的"迪博·中国上市公司内部控制指数"作为内部控制质量的代理变量，该指数基于内部控制合规、报告、资产安全、经营、战略五大目标的实现程度设计指标变量，同时将内部控制缺陷作为修正变量对内部控制基本指数进行修正，最终形成综合反映上市公司内控水平和风险管控能力的内部控制指数
	独董比例 Z_{14}	独立董事数量/董事总人数
	董事会经济独立性 Z_{15}	董事会中至少有一位董事未领取薪酬取1，否则取0
	监事会经济独立性 Z_{16}	监事会中至少有一位董事未领取薪酬取1，否则取0
	董事会非正式层级 Z_{17}	采用 Gini 系数度量董事会非正式层级的清晰度

$$Crash_{it} = \exp\left(\alpha + \sum_{j=1}^{n}\beta_{ij}X_{ij}\right) / \left[1 + \exp\left(\alpha + \sum_{j=1}^{n}\beta_{ij}X_{ij}\right)\right] \tag{5.1}$$

然后在模型（5.1）的基础上进一步构建模型（5.2）用以考察公司的业绩表现、公司治理情况、交易行为等对公司未来震荡概率的影响。

$$Crash_{it} = \exp\left(\alpha + \sum_{j=1}^{n}\beta_{ij}X_{ij} + \gamma_{ij}Y_{ij} + \delta_{ij}Z_{ij}\right) /$$

$$\left[1 + \exp\left(\alpha + \sum_{j=1}^{n}\beta_{ij}X_{ij} + \gamma_{ij}Y_{ij} + \delta_{ij}Z_{ij}\right)\right] \tag{5.2}$$

三、实证分析

（一）描述性统计

为了初步了解公司微观层面的特征和行为是否对公司发生股价震荡的概率造成影响，我们需要对比一下发生过股价震荡的样本公司与未发生过股价震荡的样本公司在这些特征变量中是否存在显著差异。由于变量中既有连续变量也有二元变量，导致组内变量未必符合正态分布，具有一定的样本偏差，因此进行组间均值比较时不宜采用 T 检验，而是采用 Mann-Whitney U 检验，对比两类公司在微观层面的差异。如表 5.2 所示，两组数据中绝大部分变量都存在着显著差异，相较之下，发生过股价震荡事件的公司，往往其资产增值速度更快、更容易受到市场波动的影响且换手率更高，同时这些公司治理状况更差、内部控制水平更低、会计稳健性更差、盈余管理行为更多，他们面临的风险也更大。另外，我们还发现，无论是发生过股价震荡的公司还是没有发生过震荡的公司，其操控性盈余均显著不为零，说明盈余管理行为在上市公司中普遍存在。而学者们普遍认为，公司通过盈余管理隐藏坏消息导致负面信息逐渐积累直至超越阈值被集中释放到资产市场是引发股价震荡的直接原因。因此，从这点看，我国上市公司普遍存在着股价震荡潜在风险。我们发现，两组公司数据在独立董事比例（Z_{14}）、监事会经济独立性（Z_{16}）、高管减持股票（Z_{12}）方面不存在显著的差异：两组公司中独立董事平均所占比例均在 1/3 左右，符合证监会的相关规定，约有 60% 的公司都至少有一位监事保持了经济独立性，另有约 2/3 的公司都发生过管理层减持股票的行为，通过阅读相关公告绝大部分的减持都给出了合理的理由。因此，本节在进行 Logistic 模型预测时剔除了以上 3 个不存在显著差异的变量。

表 5.2　描述性统计分析

变量	crash			non			Mann-Whitney U 检验	
	N	均值	标准差	N	均值	标准差	Z	渐进显著性
Y_1	179	22.093	1.184	537	22.101	1.489	2.406	0.0161
Y_2	179	2.039	1.625	537	2.022	1.885	−5.912	0.0000
Y_3	179	2.736	1.110	537	2.783	0.208	11.206	0.0000

续表

变量	crash			non			Mann-Whitney U 检验	
	N	均值	标准差	N	均值	标准差	Z	渐进显著性
Y_4	179	0.049	0.044	537	0.057	0.563	6.278	0.0000
Y_5	179	0	3.321	537	-0.014	4.753	-3.076	0.0021
Y_6	179	0.437	0.239	537	0.429	0.279	-3.173	0.0019
Z_1	179	2.011	4.905	537	2.043	0.116	1.965	0.0494
Z_2	179	0.003	0.163	537	0.001	0.256	-2.001	0.0397
Z_3	179	0.188	0.152	537	0.196	0.279	13.125	0.0000
Z_4	179	1.103	0.255	537	1.101	0.075	-2.688	0.0072
Z_5	179	2.069	1.93	537	2.070	2.34	1.961	0.0734
Z_6	179	0.162	0.385	537	0.167	0.411	2.594	0.0201
Z_7	179	0.687	0.507	537	0.691	0.492	3.189	0.0011
Z_8	179	34.577	20.900	537	34.557	0.773	-2.008	0.0446
Z_9	179	0.469	0.749	537	0.438	0.008	-12.363	0.0000
Z_{10}	179	-0.004	0.006	537	-0.004	0.500	5.652	0.0000
Z_{11}	179	0.520	0.639	537	0.515	0.469	-2.033	0.0405
Z_{12}	179	0.672	0.469	537	0.673	0.495	-0.045	0.7639
Z_{13}	179	5.609	0.408	537	5.670	1.489	6.964	0.0000
Z_{14}	179	0.386	0.080	537	0.385	0.495	-0.933	0.3510
Z_{15}	179	0.425	0.579	537	0.428	0.492	2.127	0.0435
Z_{16}	179	0.586	0.497	537	0.587	24.936	0.906	0.3647
Z_{17}	179	0.164	0.134	537	0.161	0.223	2.091	0.0471

（二）Logistic 股价震荡预警模型回归结果及预警正确率

1. 回归结果

根据模型（5.1）和模型（5.2），本节对样本进行了回归检验，结果如表 5.3 所示。表 5.3 第（1）列显示，模型 M1 的拟合优度为 0.2572，说明宏观经济因素对公司的股价震荡概率有非常重要的影响，其中，巨潮大盘成长指数（X_1）、国内生产总值指数（X_2）和投资者情绪指数（X_3）与公司股价震荡概率正相关，这与本节对公司股价震荡的概念界定有关。当国内宏观经济环境普遍较差时，整体股票会在相对较长的一段时间内呈现持续性小幅度下跌的状态，不断

· 147 ·

将公司股价中的泡沫挤压出去，不太容易出现短时间内的暴跌。因此，在经济大环境的不好的情况下，个股出现震荡的概率反而较低。而在经济大环境更好时，有更多的资金涌入股市，使股票产生大量泡沫，一旦有任何风吹草动，更容易发生股价震荡。另外，我们发现，道琼斯指数（X_4）与公司股价震荡概率负相关，这与大多数学者的结论及我国股市的实践相符。多年来，中国股市与道琼斯都呈现此消彼长的跷跷板关系。从变量的系数和显著性看，投资者情绪、国内经济增速和美国道琼斯股市表现比国内大盘指数有更显著和深远的影响。

表 5.3 Logistic 股价震荡预警模型回归结果

变量	T-1		T-2		T-3	
	(1) M1	(2) M2	(3) M1	(4) M2	(5) M1	(6) M2
X_1	1.231*** (0.403)	1.866*** (0.509)	1.239*** (0.419)	1.822*** (0.506)	1.267*** (0.439)	1.809*** (0.510)
X_2	3.443*** (0.105)	4.075*** (0.120)	3.182*** (0.109)	3.495*** (0.121)	2.828*** (0.116)	2.942*** (0.126)
X_3	15.794*** (0.501)	19.473*** (0.579)	14.694*** (0.521)	16.886*** (0.591)	13.204*** (0.553)	14.379*** (0.619)
X_4	-16.818*** (0.832)	-22.391*** (0.983)	-16.081*** (0.888)	-19.832*** (1.014)	-15.054*** (0.971)	-17.420*** (1.069)
Y_1		-0.002 (0.041)		-0.094** (0.042)		-0.155*** (0.045)
Y_2		0.034 (0.027)		0.023 (0.028)		0.016 (0.032)
Y_3		-1.613*** (0.064)		-1.217*** (0.058)		-0.875*** (0.056)
Y_4		-17.217*** (1.223)		-12.447*** (0.644)		-9.003*** (0.479)
Y_5		0.058*** (0.020)		0.032* (0.017)		0.023 (0.015)
Z_1		0.034*** (0.008)		0.025*** (0.008)		0.015* (0.009)
Z_2		0.992*** (0.270)		0.687** (0.273)		0.425 (0.282)

续表

变量	T-1		T-2		T-3	
	(1) M1	(2) M2	(3) M1	(4) M2	(5) M1	(6) M2
Z_3		-0.839***		-0.708***		-0.580**
		(0.255)		(0.242)		(0.236)
Z_4		0.886***		0.660***		0.408**
		(0.172)		(0.172)		(0.183)
Z_5		-0.141*		-0.129*		-0.125*
		(0.470)		(0.482)		(0.512)
Z_6		-0.019**		-0.0138**		0.009
		(0.083)		(0.084)		(0.091)
Z_7		-0.013*		-0.006		-0.002
		(0.006)		(0.006)		(0.002)
Z_8		0.027***		0.021***		0.015***
		(0.002)		(0.002)		(0.002)
Z_9		0.581***		0.475***		0.363***
		(0.089)		(0.086)		(0.090)
Z_{10}		195.057***		160.983***		127.898***
		(12.290)		(12.058)		(12.383)
Z_{11}		0.235***		0.154**		0.080
		(0.083)		(0.083)		(0.088)
Z_{13}		-0.448***		-0.324***		-0.187**
		(0.071)		(0.079)		(0.093)
Z_{15}		-0.191**		-0.138**		0.093
		(0.083)		(0.084)		(0.091)
Z_{17}		0.124*		0.107*		0.098*
		(0.092)		(0.093)		(0.093)
Year/Ind	Yes	Yes	Yes	Yes	Yes	Yes
_cons	-374.893***	-438.200***	-346.573***	-374.364***	-308.308***	-314.247***
	(11.401)	(12.931)	(11.827)	(12.960)	(12.522)	(13.506)
Pseudo R^2	0.2572	0.5116	0.2258	0.4226	0.1849	0.3207
N	716	716	716	716	716	716

模型（5.2）在模型（5.1）的基础上引入了反映公司基本面的财务指标和公司行为的非财务指标，考察这两类指标是否会影响公司股价震荡概率。表5.3第（2）列显示模型（5.2）的拟合优度有极大改善，提升至0.5116，说明公司股价震荡概率与公司经济基本面和行为密切相关。从财务类指标看，当公司的每股净资产（Y_3）越高，资产回报（Y_4）越丰厚，企业发生股价震荡的概率越低。而评价企业市场是否被高估的变量托宾 Q 值（Y_2）与公司股价震荡概率正相关，即公司股市越高，越有暴跌的空间和可能性。从非财务指标看，公司的盈余管理行为与公司股价震荡概率显著正相关，企业通常会为了契约、监管、晋升等目的进行盈余管理以隐藏坏消息，这种行为极大地增加了公司发生股价震荡的概率。为了进一步考察公司会计处理行为对股价震荡概率的影响，我们同时引入了会计稳健性变量，发现公司的会计稳健性（Z_3）越强，股价震荡概率越低，即当公司的会计盈余对"坏消息"反应比"好消息"迅速时，可以更有效地抑制坏消息隐藏，进而降低公司的股价震荡概率。再次验证会计信息质量和会计行为的稳健是影响股价震荡概率的重要因素。董事会的经济独立性和公司内部控制水平对公司的股价震荡概率有显著的抑制作用，但高管的过度自信、抛售公司股票等行为，以及反映个股随市场波动幅度的 Beta 风险系数、公司特质周收益率、周收益率的上下波动比例和月均换手率均与股价震荡概率正相关，说明公司层面的特定风险的确会被市场中的交易者感知并反映在公司的股价震荡概率上。另外，我们发现，被广泛印证的公司治理要素独董比例、监事会经济独立性等变量对企业股价震荡概率的影响并不显著，或者说这些变量与其他变量相比，并不那么重要。

表5.3第（3）、（4）列展示了各变量对 T-2 期公司股价震荡概率的预测情况，发现绝大部分变量的系数方向和显著性都没有发生太大改变，不过模型的拟合优度下降至0.4226。表5.3第（5）、（6）列展示了各变量对 T+3 期公司股价震荡概率的预测情况，发现随着时间的推移，除公司盈余管理行为和高管的过度自信不再发挥显著的影响外，其他变量的显著性和作用方式都没发生改变。因此，从整体看，模型所选取的变量是较为恰当的，其预测过程也具有较强的一致性和稳定性。

不过，当对模型进行 T-4 期的预测时，除宏观变量外，大部分的微观层面的变量都不再显著，模型的拟合优度也迅速下降至 0.0871（篇幅有限，并未列示回归结果）。因此该模型的最佳预测期间为（T+1，T+3）。

2. 预警正确率

为了评判模型的改进效率，本节对模型（5.1）和模型（5.2）的预警正确率进行了系统分析。一般来说，预警可能出现两种错误：一种是将极可能发生股价震荡的公司误判为正常公司；另一种是将正常公司误判为极可能发生股价震荡的公司。依照以往文献的研究成果以 0.5 为评判标准，如果 Logistic 预警模型估计的预测结果高于 0.5，则认为该公司较易发生股价震荡，反之，则认为股价震荡概率较低的正常公司。表 5.4 对预警正确率及误判样本进行了统计，结果显示相较于模型（5.1），引入了企业微观层面特质变量的模型（5.2）的预警正确率有显著提升，具体情况如下：针对 T+1 期变量进行预测的 *Crash* 公司，预警正确率由 45.25% 猛增到 79.89%，对于 *Non_Crash* 公司（本季度内股价震荡概率较低的正常公司）的预警正确率由 63.31% 提升到 86.59%；T+2 期对 *Crash* 公司的预警正确率由 35.19% 上升到 69.83%，对 *Non_Crash* 公司的预警正确率由 55.87% 提升到 86.96%；T+3 期对 *Crash* 公司的预警正确率由 18.99% 上升到 55.31%，对 *Non_Crash* 公司的预警正确率由 58.85% 上升到 87.90%。以上数据表明，引入了公司经济基本面和行为特征的变量后，*Logistic* 预警模型的拟合优度和正确率都有大幅提升。而且模型（5.2）对 *Crash* 公司预警正确率的提高幅度远远高于 *Non_Crash* 公司，说明公司个体行为和业绩表现确实可以预警未来股价震荡危机的发生。

表 5.4 改进前后 Logistic 预警模型正确率统计

模型	分组/观测值	T+1 预测值		
		Crash	*Non_Crash*	准确率
模型（5.1）	*Crash*	81	98	45.25%
	Non_Crash	197	340	63.31%
	合计			58.80%
模型（5.2）	*Crash*	143	36	79.89%
	Non_Crash	72	465	86.59%
	合计			84.92%

续表

模型	分组/观测值	T+2 预测值		
		Crash	*Non_Crash*	准确率
模型（5.1）	*Crash*	63	116	35.19%
	Non_Crash	237	300	55.87%
	合计			50.70%
模型（5.2）	*Crash*	125	54	69.83%
	Non_Crash	70	467	86.96%
	合计			82.68%
模型	分组/观测值	T+3 预测值		
		Crash	*Non_Crash*	准确率
模型（5.1）	*Crash*	34	145	18.99%
	Non_Crash	221	316	58.85%
	合计		合计	48.88%
模型（5.2）	*Crash*	99	80	55.31%
	Non_Crash	65	472	87.90%
	合计			79.75%

四、研究结论

本节以 2016~2020 年 716 家上市公司为样本运用 Logistic 模型进行了股价震荡概率预测，结果显示：

（1）发生过股价震荡的公司与未发生过股价震荡的正常公司在经济基本面、企业行为存在显著差异。从统计数据看，发生过股价震荡事件的公司，其资产规模相对较小，资产增值速度较快，更容易受到市场波动的影响且换手率更高，公司治理状况更差、内部控制水平更低、会计稳健性更差、盈余管理行为更多，其面临的风险也更大。同时，我们发现，不论是发生过股价震荡的公司，还是没有发生过股价震荡的公司，其操控性盈余均显著不为零，说明盈余管理行为在上市公司中普遍存在。考虑到坏消息隐藏是引发股价震荡的直接原因，从这点看我国上市公司普遍存在着股价震荡的潜在风险，因此，对上市公司进行股价震荡预警具有极其重要的现实意义。

（2）在 Logistic 预警模型中引入企业微观层面的财务指标（反映经济基本面的指标）与非财务指标（反映企业行为和公司治理水平的变量）大幅提高了 Logistic 财务预警模型的拟合程度与预警的正确率。说明企业行为及经济基本面对未来公司股价震荡预测发挥了重要作用。

（3）引入企业微观层面财务及非财务指标后的股价震荡预警模型对股价震荡公司与正常经营公司的预警正确率均有提高相较而言，对股价震荡公司预警正确率的提高幅度显著高于对正常经营公司预警正确率的提高幅度。这对于企业利益相关者及时且准确地识别企业股价震荡风险有一定的帮助。

根据研究结论，本节提出以下建议：

第一，监管机构对于企业的异常行为和业绩表现等应给予足够的重视，通过问询函、关注函和警示函等形式及时在资本市场对广大投资者和其他利益相关人做出提醒，同时应加强监管，强化惩罚机制，尽量减少企业不当行为，尤其应关注企业的信息透明度。

第二，企业的利益相关人同时应提高警惕，不能完全依赖监管部门的监管提醒，还应主动关注企业的异常行为和财务状况的异常情况，不断提升专业知识，培养自己识别企业盈余管理行为及其他隐藏坏消息的能力，判断企业是否已经面临着较高的股价震荡风险，从而避免错误决策，遭受经济损失。

第三，企业管理层由于拥有天然的信息优势，因此可能出于私利或者企业利益的动机隐藏坏消息，致使企业内外信息不对称，引发资源错配，最终导致股价震荡。因此，企业自身应加强内部控制，对管理层不当行为加以约束。

第二节　BP 神经网络预警模型

一、BP 神经网络预警研究

神经网络是一种通过模拟人脑神经结构实现类人工智能的学习技术，其具有强大的自适应、自组织和自学习能力，在理论界和实务界得到了深入研究。反向传播（Back Propagation，BP）神经网络模型最早由 Rumelhart 提出，是目前神经网络模型中最为成熟同时是应用最为广泛的模型之一，通过反向传播算法对神经网络结构进行充分训练，有效实现识别、预测等功能，具有较高的研究和应用价值。

目前，国内外诸多学者致力于 BP 神经网络的研究，该模型已被应用于包括智能控制、金融财务、医学在内的众多领域，其在识别、分类、预测上显示出强大的机器学习优势。其中，需要精确分类与预测的金融财务领域是神经网络技术成果丰硕的一大领域，具体应用在财务危机预测、破产预测、财务造假识别、信用评分等。

关于 BP 神经网络模型的预警应用，国外研究起步较早。1987 年，Lapedes 和 Farber（1987）率先将神经网络应用于预测方法后，神经网络在金融领域中的预测得到了广泛关注和研究。自 20 世纪 90 年代以来，BP 神经网络的研究取得了巨大的发展。Kimoto 等（1990）利用神经网络模型开发出了 Tokyo Stock Exchange Priceindex（TOPIX）预测系统，将其应用于股票买卖时机的预测。Roman 等（1996）将 BP 算法和递归神经网络相结合应用于投资组合决策以及股市预测等金融领域中。Hamid 等（2001）在德黑兰股票市场指数的预测上采用了神经网络模型，结果显示模型的预测准确度较高。Menezes 和 Nikolaev（2006）创造性地基于多项式神经网络构造了多项式遗传算法，并通过遗传算法不断调整多项式初始值与权值，得到了较为准确的预测效果。Liao 和 Wang（2010）将随机理论与神经网络相结合，将随机时效性函数运用到神经网络中，使其更贴合股市的波动性质。

我国国内众多学者也对神经网络的预警应用展开了广泛的研究，近年来有新的突破，在财务预警（黄晓波和高晓莹，2015）、股票预测（侯木舟和韩旭里，2003）、风险评估（夏诗颖等，2021）等方面都有许多相关的文献研究。在股价预测方面，吴成东（2002）综合考虑了股票的历史价格因素、经济因素及政策技术因素，对比分析不同网络结构和网络参数的预测结果。王唯贤和陈利军（2012）通过收集股票的历史价格数据样本对股价的变化规律进行建模，由于 BP 神经网络具有良好的非线性映射能力，因此建立了股票价格的预测模型。许兴军和颜钢锋（2011）利用 MATLAB 软件的工具箱，训练和学习浦发银行近一年交易日的股票数据，测试结果表明 BP 网络泛化能力较好，在一定程度上实现了对股价走势的判断。郭怡然和王秀利（2019）采用 BP 神经网络算法对股市的风格轮动进行预测，从历史交易数据中提取有效信息作为输入指标，结果显示，BP 神经网络模型对中期风格轮动具有比较好的预测效果。

大量的神经网络应用研究表明，BP 神经网络的性能一般优于其他复杂的统计技术。与其他技术相比，它具有更高的准确性、更小的风险以及更高的预测效率。

二、BP 神经网络预警模型介绍

BP 神经网络是一种按照误差进行反向传播训练的多层前馈网络，其基本思想是梯度下降法，利用梯度搜索技术使得网络的实际输出值与期望输出值的误差均方差为最小。假设神经网络输出的公司股价震荡概率为 $\overline{P}_i$，真实震荡概率为 P_i，两者之间的误差值为 Δe，即通过模型训练使得：$\min\Delta e = \min\ (\overline{P} - P)$。

如图 5.1 所示，神经网络模型的结构包括输入层、隐含层和输出层，当输入层的神经元接收到个股的特质变量输入信号时，隐含层中带权重的连接将输入信号进行传递，将接收到的总输入值与阈值进行比较，并通过激活函数进行处理，输出层产生输出结果即公司股价震荡概率 $\overline{P}_i$。

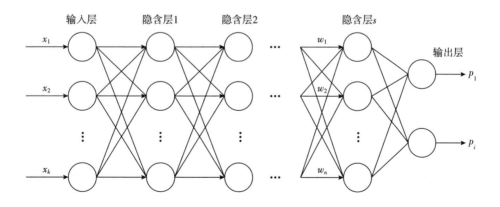

图 5.1 BP 神经网络模型结构

计算输出概率值 $\overline{P}$ 和真实概率值 P 之间的误差 $\Delta\varepsilon$，将其与训练精度进行对比，若大于，则进入反向传播过程，即调整隐含层的权值和阈值，并进行下一次训练；反之，则停止训练，模型在最大程度上逼近了微观公司特质变量与股价震荡概率的非线性映射关系。运用此模型对个股震荡情况进行预测，若达到模型拟合中的股价震荡条件，则公司极易发生股价震荡。

三、研究设计

（一）样本与变量

前文利用包含企业微观层面特质变量的 Logistic 模型对股价震荡实现了较为准确的预测，这是基于统计模型对股价震荡预警研究的一次新的尝试与突破。本节利用 BP 神经网络模型即发挥人工智能算法的优势对个股历史数据进行充分学习，寻找股市波动的内在规律，并将其储存在模型具体的权值、阈值中，最后用于预测个股未来的走势。为了验证不同模型的预警效果，本节采用与前文一样的研究样本和变量。不过，由于上文筛选出的指标较多且经济含义相近，如果将变量全部包含在输入节点中会占用有限的输入节点数且并不增加信息量，反而会降低 BP 神经网络模型的预测准确性和迭代速度。因此，本节运用因子分析法对以上指标进行降维处理提取公因子，以实现减少指标数量的同时保留有效信息。

进行因子分析之前，首先要做 KMO 检验通过判断变量之间的相关性，以确定是否适合做因子分析。如表 5.5 所示，KMO 检验结果为 0.804，Bartlett 球形度检验方差为 0，此结果表明本节指标适合作因子分析。

表 5.5 KMO 检验和 Bartlett 球形度检验

Kaiser–Meyer–Olkin 检验		0.804
Bartlett 球形度检验	近似卡方	6407.23
	df	210
	P	0.000

如表 5.6 所示，根据提取特征根大于 1 的方法，共提取了 6 个公因子，解释的总方差累计为 90% 以上，表明 6 个公因子可以代表前文指标。

表5.6　因子分析结果

成分	旋转前方差解释率			旋转后方差解释率		
	特征根	方差解释率（%）	累计方差解释率（%）	特征根	方差解释率（%）	累计方差解释率（%）
1	5.539	19.854	19.854	251.573	22.98	22.98
2	4.737	17.605	37.459	193.295	15.585	38.565
3	3.683	15.016	52.475	186.993	14.333	52.898
4	3.462	14.96	67.435	152.043	13.24	66.138
5	2.407	12.07	79.505	147.278	12.013	78.151
6	1.276	11.075	90.58	145.457	11.927	90.078

由于旋转后的成分矩阵每个公因子上各个指标的载荷更为清晰，因此本节以旋转后的成分矩阵上的因子载荷为准。从表5.7可以看出，公因子1上因子载荷较大的指标有$X1$、$X2$、$X3$，可以衡量公司所处的宏观环境；公因子2上因子载荷较大的指标为$Y1$、$Y2$、$Y3$、$Y4$、$Y5$，可以衡量公司的资产状况与营运能力；公因子3上因子载荷较大的指标为$Z8$、$Z11$，可以衡量公司股票交易情况；公因子4上因子载荷较大的指标为$Z4$、$Z9$、$Z10$，可以衡量公司股票风险与收益情况；公因子5上因子载荷较大的指标有$Z1$、$Z6$、$Z13$、$Z15$，可以衡量公司治理结构和治理质量；公因子6上因子载荷较大的指标有$Z2$、$Z3$、$Z5$、$Z17$，可以衡量公司的会计信息披露质量。

表5.7　旋转成分矩阵

变量	公因子1	公因子2	公因子3	公因子4	公因子5	公因子6
$X1$	0.642	0.053	−0.091	−0.092	0.379	−0.054
$X2$	−0.920	0.078	0.032	−0.023	−0.146	−0.023
$X3$	0.955	−0.001	0.042	−0.007	0.164	0.023
$X4$	0.335	0.099	0.336	−0.025	0.034	−0.067
$Y1$	−0.051	−0.760	0.118	−0.224	0.131	−0.044
$Y2$	−0.067	0.729	0.211	0.042	0.119	−0.043
$Y3$	−0.188	−0.766	−0.268	0.628	0.102	0.106
$Y4$	0.259	0.689	0.087	0.002	0.289	−0.046

续表

变量	公因子1	公因子2	公因子3	公因子4	公因子5	公因子6
Y5	−0.049	−0.616	0.088	−0.025	0.031	0.039
Z1	0.075	−0.084	−0.091	−0.052	−0.722	0.051
Z2	−0.039	−0.008	−0.418	−0.059	0.071	0.765
Z3	0.133	−0.285	0.144	−0.058	0.063	−0.678
Z4	−0.126	0.035	0.055	0.730	−0.034	−0.068
Z5	−0.016	0.099	0.477	0.096	0.031	0.612
Z6	−0.003	−0.034	−0.038	0.032	−0.657	0.692
Z7	0.009	0.033	0.037	0.016	−0.01	0.021
Z8	0.235	0.172	0.751	0.086	0.202	0.048
Z9	0.099	−0.005	−0.039	−0.916	0.022	−0.034
Z10	−0.189	0.084	0.103	−0.816	−0.057	−0.003
Z11	−0.077	−0.019	0.616	−0.108	−0.043	−0.030
Z13	−0.032	−0.003	0.041	0.143	0.532	0.063
Z15	0.051	0.153	0.13	0.729	−0.728	0.184
Z17	0.026	0.055	0.004	0.033	0.017	0.522

为了计算主成分变量的最终取值，提取数值列表中新增的对应主成分变量的值，计算出成分得分系数矩阵，如表 5.8 所示，可以得出每个公因子的表达式：$F = \sum S_{ij} X_j$，其中，S_{ij} 为每个公因子的成分得分系数，X_j 为各项指标。

表 5.8　成分得分系数矩阵

变量	成分					
	F1	F2	F3	F4	F5	F6
X1	0.560	0.263	−0.054	−0.037	0.079	0.038
X2	−0.741	−0.377	−0.014	−0.016	0.008	0.055
X3	0.946	0.392	−0.004	0.016	−0.002	0.016
X4	0.231	0.089	0.006	0.312	0.253	0.143
Y1	0.037	−0.921	−0.133	−0.030	−0.011	−0.540

续表

变量	成分					
	F1	F2	F3	F4	F5	F6
Y2	0.034	−0.027	0.725	−0.029	0.009	0.489
Y3	0.029	−0.977	0.373	0.073	−0.209	−0.047
Y4	0.223	0.106	0.901	−0.031	0.087	0.064
Y5	0.009	−0.020	−0.915	0.027	−0.060	−0.114
Z1	−0.006	0.231	−0.031	0.035	−0.062	−0.060
Z2	0.020	−0.016	−0.135	0.045	−0.146	−0.006
Z3	0.018	0.055	−0.034	−0.053	0.140	−0.202
Z4	−0.010	−0.052	0.434	−0.047	0.728	0.025
Z5	0.009	−0.307	0.057	0.063	−0.017	0.770
Z6	−0.016	−0.001	0.019	0.582	0.057	−0.824
Z7	−0.003	0.004	0.010	0.588	0.015	0.924
Z8	0.057	0.096	0.467	0.733	0.040	0.122
Z9	0.260	0.041	−0.009	−0.023	−0.911	−0.004
Z10	−0.242	−0.078	−0.057	−0.002	0.808	0.060
Z11	−0.012	−0.031	−0.005	−0.821	−0.446	−0.013
Z13	−0.036	0.021	0.433	0.014	0.066	0.109
Z15	0.009	−0.013	0.026	0.943	0.327	−0.002
Z17	0.011	0.034	−0.112	0.021	0.107	0.334

(二) BP 神经网络的设计

1. 输入层的设计

神经网络模型的输入层节点数与输入变量的维度有关，即股价震荡预警风险指标数量，前文通过主成分分析法筛选出 6 个预警指标，因此设置 BP 神经网络股价震荡预警模型的输入层节点数为 6 个。

2. 输出层的设计

设置输出层输出结果为公司股价震荡情况，若模型输出结果为 0，表明该公司经营状况良好，未发生股价震荡；若模型输出结果为 1，则表明该公司股票价格在短期内出现大幅下跌，发生股价震荡。因此输出层节点数为 1 个。

3. 隐含层的设计

BP 神经网络结构中的隐含层节点个数与模型预测精度密切相关，选择合适的节点数能使 BP 网络的性能得以最大限度发挥。节点个数不是固定的，通常根据公式确定：$m = \sqrt{a+b} + c$。式中，m 为隐含层节点数，输入层和输出层节点数分别为 a、b，c 为调节常数。

本节进行了多次试验与比较，测试结果如表 5.9 所示，最佳隐含层节点数为 7，对应的预测准确率是 0.847。

表 5.9 节点数测试

节点数	5	6	7	8	9	10	11	12
预测准确率	0.709	0.813	0.847	0.718	0.709	0.68	0.713	0.672

四、实证分析

（一）BP 神经网络的训练

本节采用 MATLAB R2020a 软件进行神经网络模型训练，将主成分分析提取的 6 个公因子作为神经网络的输入变量，股价震荡情况作为输出变量，将数据按照 70%∶15%∶15% 的比例划分为训练集、测试集和验证集，网络结构如图 5.2 所示。通过反复实验，得到最优化的神经网络结构隐含层节点数为 7。模型内部经过不断迭代与更新，充分学习数据信息，挖掘看似无序的交易背后内在的规律，直至训练误差降低到阈值 0.005，训练过程如图 5.3 所示，可以看出在所设定参数下经过 193 次迭代，模型收敛，该模型即为综合考虑公司基本面风险的股价震荡预警模型。

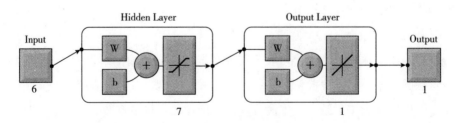

图 5.2 神经网络结构

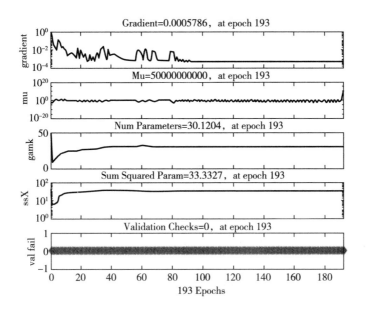

图 5.3 模型训练过程

从图 5.4 拟合效果看，训练集、测试集以及整体的可决系数 R^2 均大于 0.7，通常可决系数大于 0.7 即可认为取得较理想的拟合效果，因而表明所构建的神经网络模型拟合效果较好，模型指标体系设置与衡量方式较为合理，适合应用于个股股价震荡风险的预测。

（二）BP 神经网络的测试及预警

1. 性能度量

机器学习算法相较于基于计量经济学的传统预测模型，优势在于其具有强大的学习能力与泛化能力。为了对上文训练得到的模型进行性能度量与预测效果评估，本节采用正确率（*Accuracy*）、精确率（*Precision*）、召回率（*Recall*）、F1 得分（*F1-score*）等指标检验模型的有效性。

首先，将用于建模的 609 个样本代入训练好的神经网络模型进行返回判定，同时，将作为检验样本的 107 只个股数据代入模型进行预测，结果如表 5.10 所示。

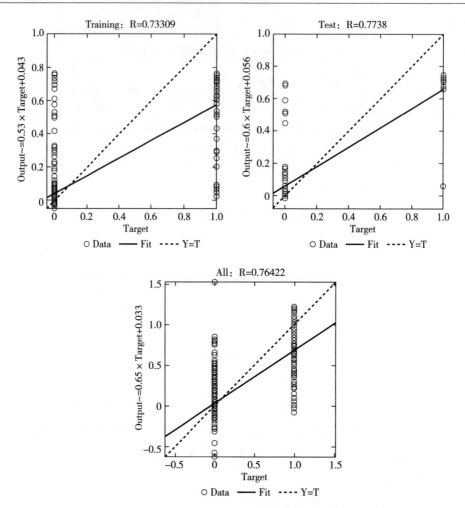

图 5.4 BP 神经网络拟合效果

表 5.10 BP 神经网络模型预警精确率统计

预测值	建模样本观测值			检验样本观测值		
	Crash	*Non_Crash*	*Accuracy*	*Crash*	*Non_Crash*	*Accuracy*
Crash	132	44	75.00%	35	7	83.33%
Non_Crash	18	415	95.84%	5	60	92.31%
合计	150	459	89.81%	37	70	88.78%

观察表 5.10 可知，建模样本和检验样本的精确率分别为 89.81% 和 88.78%，据此计算总体精确率为 89.66%，判定准确率较高，表明所建立的 BP 神经网络

模型对历史股票信息学习较为充分，能够较为准确地根据前一期的公司行为和业绩表现预测后一期的股价震荡情况；与此同时，检验样本的正确判定率是我们所需要重点关注的，因为其能够高度模拟实际情况中股价未来走势未知时对股价震荡情况的预测，可以观察到，检验样本的正确判定率与建模样本非常接近，表明所建立的模型适合应用于个股震荡情况的预测，泛化能力较强。

对于股价震荡情况，在神经网络模型的分类预测中会出现四种情况：真正例TP，即将震荡预测为震荡；假正例FP，即将未发生震荡预测为震荡；真反例TN，即将未发生震荡预测为未发生震荡；假反例FN，即将震荡预测为未发生震荡。基于四种分类情况，据表5.10统计716个样本的真正率与伪正率分别为89.30%与5.26%，前者远大于后者，表明对于真实情况为发生震荡的股票，预测结果为震荡的概率（即真正率）大于真实情况未发生震荡的股票而预测结果为震荡（即伪正率）的概率，符合我们所希望达到的效果。当公司出现股价震荡的预兆时，预警模型能够及时捕捉并释放信号给公司，公司据此及时调整经营策略，采取防范措施以最大程度规避风险与减少不必要的损失；反之，表明模型更倾向于将实际发生震荡的公司预测为不会发生震荡，由于股价震荡这类事件的特殊性，出现震荡的公司远少于未发生震荡公司，导致样本的不均匀性，若模型倾向于将结果分类为正常即未发生震荡，虽然此时模型准确度会显著提高，但会大大降低预警模型的现实指导意义。

基于上述统计与分析，本节采用精确率、召回率、F1得分对模型性能进行进一步评估。精确率 $Precision = TP/(TP+FP)$，又称为查准率，是以预测结果为依据，计算预测为震荡情况中预测正确的比例；召回率 $Recall = TP/(TP+FN)$，又称查全率，是以实际样本为依据，计算实际为震荡情况中被预测出来的比例。这两个指标评估的侧重有所不同，但都关系着预测模型性能的优劣。F1得分 $F1\_score = 2×Precision×Recall/(Precision+Recall)$，是精确率和召回率的调和平均数，综合反映两个指标，数值范围为 [0，1]，数值越大表明模型性能越佳。经过计算，三个评估指标的结果分别为76.61%、87.89%、81.86%，模型性能表现优秀，模型兼顾准确性与全面性，不错报和不漏报能力均较为良好。由于股价震荡事件会引发巨大的资本市场动荡与广大股民的财产损失，在预测时利益相关方会宁愿多预测一些，也不愿意漏掉一次股价震荡事件。而预警的出现往往透露着该只股票存在着极易诱发股价震荡的公司行为或内部治理问题，应予以重视，若此时公司及时调整，改善经营状况，对公司而言未尝不是一件益事。

2. 模型稳健性检验：对下一期震荡情况的预警

为了真实模拟模型在实际应用中的预警效果，检验模型的事前提示能力，对样本进行下一期的预测，由于本节数据的局限性，故基于 2016～2020 年的数据对 2021 年的股价震荡情况进行预测，并收集 2021 年的个股真实震荡情况进行对比，预测情况列示如表 5.11 所示。

表 5.11　对下一期预警效果统计

2021 年	观测值			*Precision*	*Recall*	*F1_ score*
预测值	*Crash*	*Non_ Crash*	*Accuracy*			
Crash	55	20	73.33%	73.33%	65.48%	69.19%
Non_ Crash	29	602	95.40%			
合计	84	622	93.06%			

对 2021 年股价震荡情况的预警结果显示，模型预测准确率为 93.06%，即 93.06%的样本的震荡情况被模型成功预测。此外，对预测效果进行正确率、F1 得分等指标的评估，各评估指标的数值均在 60%以上，足以表明模型对下一期震荡情况的预测效果较好，模型预测能力强。

五、进一步研究

1. 历史震荡情况对预警结果的影响

为了探究公司股价震荡情况是否存在以及存在何种内在规律，以便为公司的经营、治理以及风险防范提供有益建议。本节对样本数据的年度震荡情况进行统计，如表 5.12 所示。可以看到，2021 年共出现 535 个未发生震荡的公司，同时有 181 个震荡公司。这里不重复统计在一年内发生多次震荡的样本。

表 5.12　个股震荡年度统计

震荡次数 年份	2016	2017	2018	2019	2020	2021
0	559	549	544	542	537	535

续表

震荡次数＼年份	2016	2017	2018	2019	2020	2021
1	157	141	135	132	133	101
2	0	26	26	17	14	40
3	0	0	11	21	19	17
4	0	0	0	4	13	20
5	0	0	0	0	0	3
年度震荡样本个数	157	31	18	25	24	61

经统计，2016 年发生股价震荡的样本最多，有 157 家公司，可能受到 2015 年股灾的影响，当股市整体出现较大波动时广大上市公司难以幸免，且将这种影响延续到后续年份。同时可以观察到公司会发生多次震荡现象，2017 年发生 2 次及以上的震荡样本数量为 26 家，而 2021 年上升到 48 家，增长 207.69%。综观整个考察期，震荡次数从"0"到"1"变化的样本个数为 24 家，占比 3.35%，而从"1"到"2"变化的样本为 81 个，占比 11.31%。可见震荡发生次数从 1 次到多次的概率要高于从 0 次到 1 次。因此可以初步推测，曾经发生过震荡的公司，其再度发生震荡的概率更高。为了进一步验证上述猜想，将预警数据的历史情况和预测情况做差异性分析。由卡方检验结果可以证明（$C^2 = 32.634$，$p = 0.000 < 0.05$），不同历史股价震荡情况的股票预测情况呈现出显著性差异。因此，曾经历过股价暴跌的公司在之后经营的过程中往往会面临着更大的股价异动风险。对于投资者来说，也面临着更大的投资风险。究其原因，个股发生股价震荡现象可以从侧面反映出公司内部治理的问题，公司内外部信息不对称导致坏消息逐渐积累直至超过阈值被集中释放击穿市场，从而造成公司财产的大幅缩水和投资者的利益受损。股价震荡事件发生后，公司往往会采取一系列措施提升公司内部治理质量、调整公司经营战略和行为策略，一些公司经过改善治理，危机得以缓解，股价恢复到正常水平。但存在一些公司由于内部治理问题的根深蒂固，短期内通过调整经营策略等措施股价得以恢复，但股价震荡的隐患仍然存在，可能会再次发生股价震荡事件。

2. 指标重要性分析

机器学习模型偏向于结果导向，具有良好的预测性能，而在实际的震荡预警应用中，相关利益方除渴望了解股价是否震荡，也想知晓影响股价稳定的决定因素，从而更好地规避潜在风险。本节借鉴 Dimopoulos 等（1995）的方法，通过敏感性分析衡量指标的重要程度，探寻公司层面保持个股股价稳中求进可采取的有效举措。

股价震荡风险预警模型的指标重要性数值如表 5.13 所示，$F1$ 对公司股价震荡的发生具有重要的影响，可见对于上市公司来说，宏观环境是影响股价震荡的最主要因素，经济环境发生剧烈波动时，作为股市组成部分与股市休戚与共的公司个股难以避免发生股价的异动。$F2 \sim F6$ 是反映公司基本面的财务指标和公司行为的非财务指标，变量重要性累计到达 58.50%，足以表明公司基本面情况和公司行为与股价震荡概率密切相关。这五个变量中，重要性程度最高的是反映公司资产状况与营运能力的 $F2$，公司资产较为雄厚或具有较强的盈利能力时，股民会倾向于投资该股票，同样其更容易受到市场波动的影响，股票震荡发生概率较高。反映公司股价泡沫程度的 $F5$ 也具有较高的重要性，当公司的风险溢价比较高时，公司发生震荡的概率增加。反映公司治理结构和质量的 $F4$ 重要性在 10% 以上，公司内部结构、治理水平和内部控制水平与公司的发展状况密切相关，公司治理有序时，方能实现公司的可持续发展，而股价是公司实时发展状况的晴雨表。因此，广大上市公司应着力搭建符合公司情况的治理结构，稳步提升公司治理质量。反映股票交易情况 $F3$ 的重要性为 9.20%，说明公司层面的特定风险的确会被市场中的交易者感知，影响交易者的抛售公司股票等行为，并反映在公司的股价震荡概率上。公司的会计信息披露质量 $F6$ 的重要性达到 7.85%，公司在对外报告时合理的盈余管理行为和基于会计稳健性对不同项目确认时的非对称性无可厚非，但其客观上使得会计信息不能反映企业的真实状况，降低了会计信息披露质量，也使得公司内外部信息不对称加剧，而信息的长期不对称导致坏消息持续积累直至超过阈值是股价震荡出现的直接导火索，因此公司需要合理把握会计信息披露的"度"与"质"，减少因信息公开的不透明度造成的股价震荡风险。

表 5.13　指标的重要性

名称	重要性（%）	标准化后的重要性（%）
$F1$	47.02	41.50

续表

名称	重要性（%）	标准化后的重要性（%）
F2	18.02	15.90
F3	10.42	9.20
F4	13.54	11.94
F5	15.42	13.61
F6	8.89	7.85

六、研究结论

本节以 2016~2020 年报表作为研究对象，结合主成分分析法和 BP 神经网络模型构建股价震荡风险预警模型，在检验模型性能的基础上，将其运用于个股未来震荡情况的预测，并探究公司股价震荡情况是否存在以及存在何种内在规律，得到以下结论：

第一，BP 神经网络模型可以发挥机器学习的优势对公司股价震荡情况实现有效预测且具有良好的泛化能力。本节建立的股价震荡风险预警模型在建模样本和检验样本中，正确判定率分别为 89.81% 和 88.78%，总体正确判定率为 89.66%，对下一期的预测正确率达到 93.06%。模型性能优秀，兼顾准确性与全面性，具有较大的现实指导意义，可以为企业管理者、投资者以及其他利益相关方提供科学的决策依据。

第二，进一步研究发现，不同历史股价震荡情况的股票预测情况呈现出显著性差异，过去发生过股价震荡的公司，其再次发生震荡的概率更高。除宏观环境会对个股震荡情况产生影响外，微观层面的公司基本面情况和公司行为对股价震荡情况的影响也不容忽视，而现有的预警研究与实际应用中，微观层面存在的风险被严重低估。企业若想有效降低股价震荡概率，应密切关注与及时识别内外部存在的股价震荡风险，切实改善内部治理状况，增强公司实力，提升抵御市场风险的能力。

第三节　Logistic 和 BP 神经网络预警模型
研究结论与政策建议

一、研究结论

本章以 2016~2020 年季度报表作为研究对象，将 Logistic 和 BP 神经网络模型应用于股价震荡概率的预测，考察公司行为和业绩表现对公司的股价震荡概率，得到以下结论：

第一，公司微观层面的特征和行为会对个股震荡概率造成显著影响。通过对比发生过股价震荡的样本公司与未发生过震荡的样本公司的特征变量时发现其存在显著差异；当引入包含公司经济基本面和行为特征的变量后，Logistic 预警模型的拟合优度和预警正确率均出现大幅提升。因此，公司应在日常的经营与治理中提升公司业绩，提升治理水平，避免埋下诱发股价震荡的祸根。

第二，改进后的 Logistic 预警模型创新性地引入了包含公司微观层面的特质变量，指标体系更加完善，包含宏观环境、企业业绩表现和公司行为三个方面中的 22 个指标，预警正确率达到 95%，模型的最佳预测期间为（T+1，T+3）。另外，该模型对于公司未来期间安全性的预警比股价震荡预警更为精确，这种反向预警可为股价震荡预警提供新的视角与有效途径。

第三，BP 神经网络模型可以发挥机器学习的优势对公司股价震荡情况实现有效预测且具有良好的泛化能力，预测准确率达到 89% 以上。通过进一步研究发现，在公司基本面指标中，资产状况与营运能力对股价震荡的发生重要性最高，企业要想有效降低股价震荡概率，应增强公司实力，提升应对市场波动的能力，同时提高企业的成长能力与盈利能力。

二、政策建议

第一，对于个人投资者来说，应全面关注公司的各类信息，除宏观经济状况与股价涨跌外，还应特别关注公司微观层面的绩效与企业行为。投资者在面对股价震荡风险时应该更加理性，合理地预测和评估可能发生的股价震荡的概率，并谨慎选择投资策略和投资组合，不应盲目跟风，而是综合分析公司基本面等客观指标后做出稳健的投资决策。

第二，对于企业来说，准确地预测股价震荡风险对企业的经营、治理以及风险防范大有裨益，企业可以应用如本节构建的 Logistic 和 BP 神经网络模型在内的预警模型对股价震荡风险进行有效预测，并以此为基础，及时调整公司的行为和经营策略，提高竞争力，才能有实力应对外部风险的影响。同时，不断提高企业信息披露质量，畅通信息渠道，减少信息不对称，有利于降低股价大幅波动，构建更加稳定的经营环境。

第六章 研究结论与政策启示

第一节 研究结论

本书以我国上市公司为研究对象，分别从董事会、监事会、高管、股东、数字金融等公司内外部治理特征以及企业高商誉并购、股权质押、债券违约等行为探究以上要素对公司股价震荡风险的影响，在此基础上构建 Logistic 与 BP 神经网络模型对我国上市公司的股价震荡概率进行预警。通过分析各要素在预警模型中的重要程度和作用方式，得到如下结论：

一、连锁股东的治理效应遏制公司股价震荡风险

连锁股东通过投资组合使多家企业紧密相连以谋取整体利益，一方面他们凭借自身丰富的知识、公司治理经验以及资金资源，借助社会网络形成"治理协同效应"；另一方面他们有能力凭借信息优势，促使多家被投资企业合谋以便获取更大的组合利益，可能形成"合谋效应"。连锁股东的存在对企业来说是一把"双刃剑"。本书研究发现，在所考察的时间段里，中国上市公司的连锁股东更好地发挥了"治理协同效应"。连锁股东借助于自身掌握的内部信息和公司管理经验，可以对管理者实施有效监督，减少管理层自利行为，还能作为企业间信息和资源流通的关联节点发挥信息与资源效应，优化了市场信息环境，缓解股价震荡风险。

同时，由于并不是所有连锁股东都占据控股地位，因此他们可能会被大股东或者管理层侵占利益，而为了避免自己的利益受损，连锁股东有动机对企业内部治理和投资决策发挥监督作用，及时察觉出管理层的不利行为，抑制管理层机会主义动机，进而抑制企业盈余管理行为，提升公司治理水平。另外，连锁股东通常可以利用自身的资源效应，改善公司的经营业绩，提升管理层识别发展机会的能力，提高企业核心竞争力，减少经营风险。

二、董事会非正式层级加剧公司股价震荡风险

董事会是我国公司治理结构中的核心部分，董事拥有对公司事务的自由裁量权，对管理层实施监督，保护股东权益。但如果董事会中存在着非正式层级，那么低层级董事更容易受到高层级董事意见的影响，虽然有助于快速达成共识，但更容易隐藏公司的负面消息，导致公司股价震荡风险大幅提升。不过本书的异质性检验发现，董事会规模可以部分化解非正式层级带来的负面效应。这是因为董事会的规模越小，高层级董事越容易向低层级董事施压，但当董事会规模较大时，来自多个领域和部门的董事很难同时被层级高的董事所左右，而且数量更多的董事意味着有更丰富的专业背景，可以从更多视角发挥监督作用，减少公司内外的信息不对称，进而抑制公司股价震荡风险。

此外，产权性质对董事会非正式层级的消极作用也有显著影响。与国有企业相比，非国有企业更看重经济效益，非国有企业的董事会成员薪酬激励和职业风险要高于国有企业，国有企业董事会成员隐瞒坏消息的动机更小，非国有企业隐瞒坏消息的动机的概率更大。因此，相较而言，我们更应格外关注非国有企业的股价震荡风险。

机构投资者可能会进一步扩大董事会非正式层级的负面影响。机构投资者虽然相较于一般投资者具有更高的专业素质和财力，但当公司董事会存在非正式层级时，机构投资者的决策行为会往往会受到高层级董事的影响进而恶化股价震荡风险。

三、高管金融背景有助于抑制公司股价震荡风险

高管金融行业工作经历使其对金融市场中的资本运作流程和规则拥有更清晰

的认知、对风险拥有更深刻的理解，因而能更精准地识别风险并更从容地承受，提升企业应对风险能力。

金融工作较大的体量和压力以及复杂的资本关系网络锤炼出管理者更强的信息处理能力、机会识别和筛选能力以及资本运作能力，因而可以更迅速地甄别和把握机会，寻求优质融资资源，降低企业融资成本，并将风险降至可控范围内。

拥有金融工作经历的高管通常拥有更广阔的人脉和更密集的关系网络，可以帮助企业与金融机构和其他外界利益相关者之间搭建信息桥梁，向外界及时传递企业自身财务状况、经营成果和资信水平等情况，降低信息不对称程度，进而降低股价震荡风险。

四、数字化转型有利于缓解公司股价震荡风险

数字化转型有利于内部控制制度和组织结构的优化，为企业内部信息的高效流转创造了条件，极大加快了信息处理和挖掘效率，提升了内部资源周转率，提高了信息透明度，塑造了高效有序的内部治理环境。同时，企业为了能获得外部市场的更多支持，会将内部有效信息及时向外部市场传送，有助于市场投资者掌握更充分的企业内部信息，降低内外部信息不对称程度。此外，企业向外界公布实施数字化转型战略等积极信息时，媒体、分析师、机构投资者会加强对企业运行状况的关注，进一步提升企业内外部信息透明度。因此，数字化转型通过提高企业内部控制水平，缓解了内外部信息不对称，进而降低了公司股价震荡风险。

本书的异质性分析发现：数字金融的发展缓解了企业融资难题，为其数字化转型增加了更多机会，在数字金融发展好的地区，数字化转型对股价震荡风险的抑制作用更显著；非国有企业由于存在更强的竞争压力，为了在市场中立足有更强的动力推进企业数字化转型，因而在非国有企业中，数字化转型对股价震荡风险的缓解作用更强。

五、企业行为与股价震荡风险

1. 债券违约行为

债券违约是行业风险与企业自身运营共同影响的结果，债券违约通常会将标的公司的股价拽入深渊，甚至可能会面临退市、破产。但是，债券违约并非无迹可寻，发生债券违约的公司通常面临着市场格局变化、政策红利消失、行业竞争加剧、宏观经济增速放缓等外部因素变化，以及公司自身主营业务竞争力下降、债务规模迅速扩张、短期偿债能力羸弱导致流动性紧张等内部因素变化。以财务数据和指标为基础的 F 值和 Z 值模型对风险预测有较强的借鉴意义，它们可以相对精确地预警标的公司的财务风险。拥有一定专业知识的投资者，通过阅读财报一般会有所察觉，但未必所有投资者都能做出正确决策。其中原因，既有投资者自身认知局限，也有相关监管部门对公司已披露的异常行为未能给予足够的重视。比如案例公司披露了大规模关联方交易及较差的应收账款回款率，但监管方并未对这些异常信息向资本市场提起警示；案例公司决定进行财务重组时，监管方仅进行审查流程，未对公司财务状况进行关注；公司在财务状况紧张的情况下仍盲目扩张，最终导致流动性枯竭，债务违约，股价震荡。不过，债券违约也是市场机制优胜劣汰的必然结果。随着债券市场刚性兑付被打破，我国债市长久积累的信用风险正在得到进一步释放，虽然会给各方带来一定规模的损失，但风险的释放更加有利于债券市场的长远健康发展。

2. 股权质押行为

大股东的股权质押行为通常被资本市场解读为危险信号，认为企业极有可能存在着资金不足、融资不畅、经营状况不佳等状况。这些负面消息使公司股价备受打击，届时质权人将要求股东补充质押或提前赎回质押股权，这一行为极有可能导致公司控制权发生转移，而控制权的转移风险将进一步加剧股价下行趋势，造成恶性循环。此外，股权质押风险还可能通过影响短期市场将风险传导至上市公司，给企业的长期偿债能力、盈利能力带来严重的负面影响。

本书的案例研究发现，大股东高频率、大规模质押股权确实对企业产生了严重的负面影响。不仅如此，案例公司的股权质押还成为管理层高位套现的辅助工具。股权质押后案例公司发生了两次高溢价并购，且并购经后期举证查实系关联方交易，存在着输送利益的嫌疑。同时，由于并购时支付了过高溢价，而公司的主营业务却并不能带来足够的现金流量，盲目扩张后公司财务绩效深陷泥潭。因此，股权质押作为新型融资方式，若合理使用，一方面能够对控股股东产生激励效应，另一方面可以为企业长期发展提供资金支持。但如果股权质押成为控股股东谋取非法利益的工具，对企业自身还是外部利益相关者都会产生负面影响。

六、股价震荡风险预警与防范

本书通过构建 Logistic 和 BP 神经网络预警模型，再次验证了公司微观层面的特征和行为会对个股股价震荡概率造成显著影响。通过对比发生过股价震荡与未发生过震荡的样本公司发现，不同类别公司的特征变量存在显著差异；当引入包含公司经济基本面和行为特征的变量后，Logistic 和 BP 神经网络预警模型拟合的优度和预警正确率均出现大幅提升。根据重要性分析，除大盘成长指数、国内生产总值、投资者情绪等宏观变量外，对上市公司股价震荡概率影响最大的因子依次是反映企业经济基本面的因子（包括资产状况、盈利能力及未来成长性等指标）、反映公司会计信息质量的因子（包括企业盈余管理和会计稳健性等指标）、反映企业公司治理水平及行为的因子（包括董事会及监事会特征、管理层薪酬方案及股权买卖行为等指标）、反映公司股票溢价率及特征风险的因子。因此，推进公司高质量发展、提高公司信息披露质量、提升公司治理水平、约束股东行为是预防公司股价震荡风险最根本的措施。

第二节　政策启示

一、提升公司内部治理水平对公司股价震荡风险的治理效应

第一，企业应充分利用连锁股东资源和信息优势，形成"治理协同效应"。企业应顺应连锁股东普遍存在的现象，在企业发展过程中引入连锁股东这一特殊股东形式，充分发挥连锁股东为企业生产经营活动带来的治理和信息优势，加强企业内部监督治理，提高内部控制质量，优化公司的信息环境，最大程度地减少管理者追求个人利益的行为，减少管理层的机会主义行为，降低经营风险，进而减少股价震荡的可能性。此外，要借助于连锁股东的经验或人脉资源优势，改善公司的经营业绩，选择合适的长期投资项目以提高企业核心竞争力，降低经营风险，缓解股价震荡风险。鉴于连锁股东可能同时存在合谋动机，因此政府部门要

对连锁股东加强监督，尤其关注企业的内部控制质量，做到事前监督以避免对资本市场带来负面影响，损害中小股东的利益。

第二，扩大董事会及监事会规模并提高其经济独立性。如果公司董事的非正式层级不可避免，那么就尽量扩大董事会的规模，使高层级董事独裁的难度加大，减少坏消息隐藏的可能性。同时，扩大董事会和监事会的规模，有利于企业吸纳更多不同专业背景的管理人才，提高决策质量，对规范管理者行为及真实信息披露具有一定的推动作用，减少股东利益受损害的可能性。因此，公司应根据业务需要，合理安排董事会及监事会人员结构，加强其财务监督与经营参与度。如果董事会与监事会中内部人与外部人比例适当，专业结构搭配合理，同时完善监管制度、加强董事会及监事会审查公司财务情况的权力和工作安排，在一定程度上会促进成员的履职积极性和可行性，便于他们深度参与公司的经营决策，及时在重大恶性事件发生之前进行治理和防控，进而有效降低管理层自利行为导致的违规现象发生，缓解股价震荡风险。

第三，建立优胜劣汰的高管人才选拔机制，设计相对灵活的长效薪酬激励方案。高管是企业的灵魂人物，其在很大程度上决定了公司未来的发展方向和运营效率。因此，建立高效的人才筛选及聘用机制，对保障公司的战略执行及可持续发展至关重要。从防控股价震荡风险的角度说，企业可以考虑适当将一些具有金融行业工作经历的优秀人员纳入自己的管理层团队，并适当提高外部聘用的比例来优化公司内部管理结构，充分利用金融背景管理者的专业背景优势和资本关系网络提升企业长远发展能力。同时，企业应针对高管个体的差异，建立合理有效的奖惩制度，其激励方案设计应立足于公司所处的行业特征、公司的战略目标、治理水平等实际情况，通过激励方案调整与考核目标的修订对高管行为进行矫正，激发其工作积极性。而且，高管薪酬业绩考核指标的选择与修订应考虑到不同部门、不同岗位的差异，设计尽可能细致、公平的分解指标。另外，激励方案中不应只有"奖励"，还应有必要的"惩罚"，同时考虑将公司风险防控理念贯穿于公司激励方案的总目标和分解指标中。

二、进一步完善相关法律法规、优化外部公司治理环境

中国股票市场大部分以散户为主，监管部门应加强对公司的审查和监控，进

一步完善相关的法律规范以加大对公司的监管力度，尽可能减少企业试图隐藏坏消息的动机，减少负面消息有机会在公司长期累积和在市场集中反映的可能性。同时，应组织和提供专业知识技能培训，提升广大中小投资者的专业素养，减少盲目追涨杀跌，劝导理性投资，从而降低股价震荡风险发生的概率。

证监会不仅要通过加强监管来制约公司的行为，也要注重保护股票市场上许多中小投资者的利益，从而在一定程度上积极维护资本市场上的公平公正，保障资本市场平稳有序的健康发展。除此之外，监管部门还可以加强对公司报表粉饰等行为的处罚力度，让公司为这些行为付出一定的代价，从根源上促使公司不再进行财务造假或是隐藏公司的负面消息。监管部门通过加强法律制度，进一步规范公司的行为，为公司创造一个更有成效的外部治理环境。

三、提高信息透明度，约束企业不当行为避免对资本市场产生负面影响

第一，约束公司盈余管理行为，提高会计信息质量。公司高管可能出于薪酬、税收、监管等多种目的对公司进行盈余管理，这种行为极易导致资本市场资源错配，股价扭曲，特别是大多数公司的盈余管理方向是向上多做盈余，导致标的公司价格被高估，为日后的股价震荡埋下伏笔。另外，本书发现，公司真实的盈余管理行为对资本市场的负面影响要远超应计制的盈余管理行为，因此公司的董事会、监事会、内部审计等执行监督管理的职能部门以及机构投资者、证监会、债权人等外部治理参与者，应额外关注和识别公司真实的盈余行为，及时制止或者对其他投资者提出警示。

第二，完善股权质押信息披露制度，威慑企业不当行为。公司应制定完善的公司章程，严格规范股权质押、关联交易、担保等行为的提请、审核及批准程序，增加相关利益人谋取私利的难度。特别地，当公司发生大股东大比例、高频次的股权质押时，股东大会应仔细审查质权公司和控股股东的财务情况，提前识别控股股东质押股份可能带来的风险，在控股股东缺少还款能力或质押比例过高时不允许其对外质押。控股股东在质押时要附上详细的贷款使用计划书，说明质押贷款的具体用途，并向市场投资者进行公告。股东大会在控股股东拿到贷款后继续监督控股股东，保证其按照贷款使用计划书使用资金。同时，国家立法部门应完善股权质押相关的法律制度，提高股权质押的门槛，规范控股股东的股权质

押行为，加强法律层面的监督。立法机关需要在相关法律条文中对股权质押的设立条件、股权质押率的上限及调整办法、股权质押合同的具体内容、合同双方的风险控制措施等作出明确规定或限制。与此同时，国家还应成立专门的监管机构或监管小组，严格遵守相关法律法规的要求，充分发挥监管职能，实时监测控股股东股权质押的行为及产生的风险，有重大情况出现时通知相关部门采取风险控制措施，以维护我国资本市场尤其是股权质押市场的稳定长远发展。

第三，规范债券市场信息披露制度，优化债券评级程序。监管方在债券发行时应对企业整体经营与财务状况进行系统性的审核。债券发行后，债券主体信用评级机构应持续关注企业经营过程中出现的异常情况，尤其关注高商誉并购、关联交易、担保、资金回流是否顺畅及债务规模等相关问题。若发现异常，应调整债券评级，起到预警作用。同时，债券市场监管方可以考虑效仿证券市场监管方，无论何种类型债券均强制要求债券发行方自身信息公开，降低债券市场出现信息不对称的可能性，杜绝隐瞒债券发行主体信息行为的发生。对已发行但有较大违约风险的债券，引入债券违约风险评级，采取如证券市场的"ST＊"标记等措施对具有重大违约风险债券进行标记，保证债券市场信息披露制度的建设与我国债券市场发展规模相匹配。

四、大力推进数字金融的建设与发展

第一，企业应顺应时代潮流，抓住数字化大趋势，实施数字化转型战略。数字化转型进程是促进企业高质量发展的路径之一。当前，企业面临较大内外部风险，应抓住机会坚定数字化转型决心，提高内部控制管理、降低经营风险。另外，企业应避免盲目跟风，需结合自身实际条件及地区数字化建设水平采取数字化转型战略。对于数字金融发展较差的地区，实施数字化转型战略前，应对转型战略进行多方考量、全方位部署，以确保转型战略为企业带来正向效益，最大程度地促进企业健康发展。而在数字金融较为发达的地区，企业应充分利用外部条件推动企业数字化转型升级，更好地发挥数字金融对实体经济风险管控的作用。

第二，政府部门应加强对非国有企业的支持，为企业数字化转型助力。由于数字化转型对股价震荡风险的缓解效果更强，且数字化转型具有高投入、长周期的特点，使得资金调度存在压力的非国有企业可能望而却步，因而外部政府应在企业转型时期给予非国有企业更多资金支持，加快企业数字化转型进程。

第三，加快数字化人才培养与建设，为企业数字化转型提供人才支撑。人才队伍建设是企业稳定发展的基石，人才培养需要各方共同努力。政府应出台相关政策，加快数字化人才的引进与培育工作进程；各高校应注重培养学生专业知识与数字技术能力，为企业发展提供后备力量；企业本身要加大内部数字化培训，提高员工应对数字化挑战积极性。

五、积极构建股价震荡预警机制

公司股价波动不仅会受到宏观经济环境、市场预期、政策变更等宏观要素的重要影响，还会受到企业自身的运营效率、治理水平和特定行为等微观要素的影响。由于公司的经营方针和战略定位往往是国家宏观经济政策、消费者偏好，市场风格、产业结构引导的结果，而企业行为、业绩反馈、销售策略等也会反作用于消费者偏好、产业结构、国家政策。因此，从根源上说，宏观与微观要素紧密关联，共同作用，而从企业微观要素入手构建预警模型具有更强的可操作性和预防性。基于此，企业、投资者和监管方均应根据各自的风险承受能力和所能获取的信息，积极建立股价震荡风险预警机制。

从企业角度来说，为了避免公司发生崩盘现象，在设计高管薪酬方案时，应融入一定比例的公司市值管理等评价指标，引导管理层关注公司股票价格。同时，可以综合采用 Z 值模型，F 值模型、Logistic 和 BP 神经网络模型对本公司的股价震荡概率、破产概率等进行预测。如果发现公司风险达到其至超过警戒水平，应及时召开董事会议，自查公司存在的问题，提前做好危机公关，及时披露预警信息释放风险，避免造成股价震荡的恶劣事件。

从投资者角度来说，由于信息不对称的现象普遍存在，因此投资者应注意观察并收集企业特定行为的信息，尽可能多地了解企业战略执行情况，追踪企业关联交易、担保、并购等高风险行为的进展。比如，若公司存在高比例的股权质押，那么应时刻关注股权质押的预警线和平仓线，明确股权质押风险的类型和相关指标，并及时进行监测；若公司存在大额负债，应关注企业短期偿债能力，尤其是应收款的回收能力以及主营业务赚取现金流的能力。另外，由于股价震荡通常是短期内发生的事情，因此投资者应格外关注企业的中期报表、各类公告及证监会的函件，运用中期报表数据，结合 Z 值模型、F 值模型等对本公司风险进行预测。一旦发现公司风险预期超过阈值，及时抛售止损。

从监管者角度来说，向资本市场提供预警是其重要职能。因此，监管部门应在公司上市之初，就对公司的上市条件或者上市后的配股、发债条件进行严格审核；在日常监管工作中，对公司并购、担保、关联交易、大额借债、改变经营战略等特定行为给予重点关注，充分利用监管者的地位督促上市公司提供更多信息。不仅如此，监管部门也应关注银行、基金、信托等金融机构在审查企业股权质押、贷款、担保等行为中是否对申请企业作了全面考察和严格审核。同时，充分利用数字化技术，实现企业、金融机构与监管部门的信息共享，促使信息高效、高质传递。另外，监管部门应结合 Logistic 和 BP 神经网络模型对目标企业进行风险预警，一旦发现公司风险值超过阈值，应要求目标公司详细披露风险来源、整改措施等，若仍达不到要求，则应充分利用关注函、问询函和警示函的方式向资本市场提示风险。

参考文献

［1］ Allaudeen H, Kang W, Viswanathan S. Stock Market Declines and Liquidity ［J］. The Journal of Finance, 2010 (1): 257-293.

［2］ Altman E I. The Prediction of Corporate Bankruptcy: A Discriminant Analysis ［J］. Journal of Finance, 1968, 23 (1): 193-194.

［3］ Bansal R, Miller S, Song D, Yaron A. The Term Structure of Equity Risk Premia ［J］. Journal of Financial Economics, 2021, 142 (3): 1209-1228.

［4］ Beaver W H. Financial Ratios as Predictors of Failure ［J］. Journal of Accounting Research, 1966, 4 (1): 71-111.

［5］ Ben J S. Bankruptcy Prediction Using Partial Least Squares Logistic Regression ［J］. Journal of Retailing and Consumer Services, 2017 (36): 197-202.

［6］ Bekaert G, Harbey C R, Lundblad C T. Liquidity and Expected Returns: Lessons from Emerging Markets ［J］. The Review of Financial Studies, 2007, 20 (5): 1783-1831.

［7］ Berger J, Zeldith R M, Rosenholtz J S. Status Organizing Processes ［J］. Annual Review of Sociology, 1980, 6 (1): 479-508.

［8］ Binsbergen J H, Brandt M W, Koijen R S. On the Timing and Pricing of Dividends ［J］. American Economic Review, 2012, 102 (4): 1596-1618.

［9］ Bollerslev T, Tauchen G, Zhou H. Expected Stock Returns and Variance Risk Premia ［J］. Review of Financial Studies, 2009, 22 (11): 4463-4492.

［10］ Brooks C, Chen C, Zeng Y. Institutional Cross-ownership and Corporate

Strategy: The Case of Mergers and Acquisitions [J]. Journal of Corporate Finance, 2018, 48 (1): 187-216.

[11] Chen J, Hong H, Stein J C. Forecasting Crashes: Trading Volume, Past Returns, and Conditional Skewness in Stock Prices [J]. Journal of Financial Economics, 2001, 61 (3): 345-381.

[12] Chen Y, Xie Y, You H, Zhang Y. Does Crackdown on Corruption Reduce Stock Price Crash Risk? Evidence from China [J]. Journal of Corporate Finance, 2018 (51): 125-141.

[13] Claus J J, Thomas J K. Equity Premia as Low as Three Percent? Evidence from Analysts' Earnings Forecasts for Domestic and International Stock Markets [J]. Journal of Finance, 2001, 56 (5): 1629-1666.

[14] Cochrane J H. Where is the Market Going? Uncertain Facts and Novel Theories [J]. SSRN Electronic Journal, 1997, 21 (6): 3-37.

[15] Damodaran A. Equity Risk Premiums (ERP): Determinants, Estimation and Implications - The 2019 Edition [J]. NYU Stern School of Business, 2019 (1): 4-8.

[16] Defond M L, Jiambalvo J. Incidence and Circumstances of Accounting Errors [J]. The Accounting Review, 1991, 66 (7): 643-655.

[17] Diaz C F B, Olaya A F R. A Novel Method Based on Regularized Logistic Regression and CCA for P300 Detection Using a Reduced Number of EEG Trials [J]. IEEE Latin America Transactions, 2023, 18 (6): 7-14.

[18] Dimopoulos Y, Bourret P, Lek S. Use of Some Sensitivity Criteria for Choosing Networks with Good Generalization Ability [J]. Neural Processing Letters, 1995, 2 (6): 1-4.

[19] Dimson E, Marsh P, Staunton M. The Worldwide Equity Premium: A Smaller Puzzle [J]. Handbook of the Equity Risk Premium, 2008 (1): 467-514.

[20] Duan J C, Zhang W. Forward-Looking Market Risk Premium [J]. Management Science, 2014, 60 (2): 521-538.

[21] Easton P. Estimating the Cost of Capital Implied by Market Prices and Ac-

counting data [J]. Foundations and Trends in Accounting, 2009, 2 (4): 241-364.

[22] Fama E F, French K R. Dividend Yields and Expected Stock Returns [J]. Journal of Financial Economics, 1988, 22 (1): 3-25.

[23] Fama E F, French K R. The Equity Premium [J]. Journal of Finance, 2002, 57 (2): 637-659.

[24] Fama E F, Jensen M C. Agency Problems and Residual Claims [J]. Journal of Law and Economics, 1983, 26 (2): 327-349.

[25] Fama E F. Agency Problems and the Theory of Firm [J]. Journal of Political Economy, 1980, 88 (2): 288-307.

[26] Fernandez P. Market Risk Premium Used in 2008 by Professors: A Survey with 1400 Answers [J]. IESE Research Papers, 2009 (1): 4-7.

[27] Finkelstein S, Mooney A C. Not the Usual Suspects: How to Use Board Process to Make Boards Better [J]. The Academy of Management Executive, 2003, 17 (2): 101-113.

[28] Fitzpatrick P J. A Comparison of Ratios of Successful Industrial Enterprises with Those Failed Firms [J]. Certified Public Accountant, 1932 (12): 598-605.

[29] Garel A, Martin-Flores J, Petit-Romec A, Scott A. Institutional Investor Distraction and Earnings Management [J]. Journal of Corporate Finance, 2021 (66): 7-14.

[30] Goetzmann W N, Jorion P. Testing the Predictive Power of Dividend Yields [J]. Journal of Finance, 1993, 48 (2): 63-79.

[31] Goyal A, Welch I. Predicting the Equity Premium with Dividend Ratios [J]. Management Science, 2003, 49 (5): 39-54.

[32] Habib A, Hasan M M. Managerial Ability, Investment Efficiency and Stock Price Crash Risk [J]. Research in International Business and Finance, 2017, 42 (12): 262-274.

[33] Hambrick P, Mason A. Upper Echelons: The Organization as a Reflection of its Top Managers [J]. Academy of Management Review, 1984 (2): 193-206.

[34] Harrison H, Stein J C. Differences of Opinion, Short-Sales Constraints, and Market Crashes [J]. Review of Financial Studies, 2003, 16 (2): 487-525.

[35] He J Y, Huang Z. Board Informal Hierarchy and Firm Financial Performance: Exploring a Tacit Structure Guiding Boardroom Interactions [J]. The Academy of Management Journal, 2011, 54 (6): 1119-1139.

[36] He Z. Krishnamurthy. Intermediary Asset Pricing [J]. American Economic Review, 2013, 103 (2): 732-770.

[37] Hirshleifer D, Lim S S, Teoh S H. Driven to Distraction: Extraneous Events and Underreaction to Earnings News [J]. The Journal of Finance, 2009, 64 (5): 2289-2325.

[38] Hu G, Wang Y. Political Connections and Stock Price Crash Risk: The Role of Intermediary Information Disclosure [J]. China Finance Review International, 2018, 8 (2): 7-14.

[39] Hu J, Li S, Alvaro G, Zhang T F. Corporate Board Reforms around the World and Stock Price Crash Risk [J]. Journal of Corporate Finance, 2020, 62 (6): 1-4.

[40] Ibbotson R G, Chen P. Long-Run Stock Returns: Participating in the Real Economy [J]. Financial Analysts Journal, 2003, 59 (1): 88-98.

[41] Jebran K, Chen S, Zhu D H. Board Informal Hierarchy and Stock Price Crash Risk: Theory and Evidence from China [J]. Corporate Governance: An International Review, 2019, 27 (5): 341-357.

[42] Jin X, Chen Z, Yang X. Economic Policy Uncertainty and Stock Price Crash Risk [J]. Accounting & Finance, 2019, 58 (5): 1291-1318.

[43] Kang Z, Zhi X Q. Critical Audit Matters and Stock Price Crash Risk [J]. Frontiers of Business Research in China, 2021, 15 (1): 64-88.

[44] Khaloozadeh H, Sedigh A K. Long Term Prediction of Tehran Price Index (TEPIX) Using Neural Networks [C] . World Congress & Nafips International Conference IEEE, 2002.

[45] Kimoto T, Asakawa K. Stock Market Prediction System with Modular [C]. Neural Networks, 1990 IJCNN International Joint Conference on. IEEE, 1990.

[46] Kleinert H, Chen X J. Boltzmann Distribution and Market Temperature-Science

Direct [J]. Physica A: Statistical Mechanics and its Applications, 2007, 383 (2): 513-518.

[47] Konchitchkil Y, Luo Y, Ma M L Z, Wu F. Accounting-based Downside Risk, Cost of Capital, and the Macroeconomy [J]. Review of Accounting Studies, 2016, 21 (1): 1-36.

[48] Kusnadi Y, Yang Z F, Zhou Y X. Institutional Development, State Owner-ship, and Corporate Cash Holdings: Evidence from China [J]. Journal of Business Research, 2015, 68 (2): 351-359.

[49] Lang M, Maffett M. Transparency and Liquidity Uncertainty in Crisis Pe-riods [J]. Journal of Accounting & Economics, 2011, 52 (2): 101-125.

[50] Lapedes A, Farber R. Nonlinear Signal Processing Using Neural Networks: Prediction and System Modeling [J]. Los Alamos National Laboratory Report, 1987, 87 (1): 7-14.

[51] Lau S, Ng L, Zhang B. Information Environment and Equity Risk Premium Volatility around the World [J]. Management Science, 2012 (58): 1322-1340.

[52] Lecun Y, Bengio Y, Hinton G. Deep Learning [J]. Nature, 2015, 521 (7553): 436-444.

[53] Leuz C, Wysocki P D. The Economics of Disclosure and Financial Repor-ting Regulation: Evidence and Suggestions for Future Research [J]. Journal of Ac-counting Research, 2015, 54 (2): 525-622.

[54] Liao Q. The Stock Price Crash Risk Prediction by Neural Network [J]. Accounting & Finance Research, 2016, 5 (2): 61-70.

[55] Liao Z, Wang J. Forecasting Model of Chinese Stock Index by Stochastic Time Effective Neural Network [J]. Expert Systems with Applications, 2010, 37 (1): 834-841.

[56] Liu D, Chen S, Chou T. Resource Fit in Digital Transformation [J]. Manage-ment Decision, 2011, 49 (10): 1728-1742.

[57] Li Y, Yang L. Prospect Theory, the Disposition Effect, and Asset Prices [J]. Journal of Financial Economics, 2013, 107 (3): 715-739.

[58] Luo Y, Zhang C. Economic Policy Uncertainty and Stock Price Crash Risk [J]. Research in International Business and Finance, 2020, 51 (1): 1-14.

[59] Mai F, Tian S, Lee C, Ma L. Deep Learning Models for Bankruptcy Prediction Using Textual Disclosures [J]. European Journal of Operational Research, 2019 (274): 743-758.

[60] Marfè R, Pénasse J. The Time-Varying Risk of Macroeconomic Disasters [R] . Carlo Alberto Notebooks, 2017.

[61] Marin J M, Olivier J P. The Dog That Did Not Bark: Insider Trading and Crashes [J]. The Journal of Finance, 2008, 63 (5): 2429-2476.

[62] Martin I. What is the Expected Return on the Market? [J]. The Quarterly Journal of Economics, 2017, 132 (1): 367-433.

[63] Menezes L M D, Nikolaev N Y. Forecasting with Genetically Programmed Polynomial Neural Networks [J]. International Journal of Forecasting, 2006, 22 (2): 249-265.

[64] Merton R C. On Estimating the Expected Return on the Market: An Exploratory Investigation [J]. Journal of Financial Economics, 1980, 8 (4): 323-361.

[65] Mikalef P, Pateli A. Information Technology-Enabled Dynamic Capabilities and Their Indirect Effect on Competitive Performance: Findings from PLS-SEM and fsQCA [J]. Journal of Business Research, 2017 (1): 1-16.

[66] Peter E E. A Chaotic Attractor for the S&P 500 [J]. Financial Analysts Journal, 1991, 47 (2): 55-62.

[67] Ridgeway C, Johnson C. What Is the Relationship Between Socioemotional Behavior and Status in Task Group? [J]. American Journal of Sociology, 1990 (1): 1189-1212.

[68] Roman J, Jameel A. Backpropagation and Recurrent Neural Networks in Financial Analysis of Multiple Stock Market Returns [C] . Hawaii International Conference on System Sciences. IEEE, 1996.

[69] Rozeff M S. Dividend Yields are Equity Risk Premiums [J]. Journal of Portfolio Management, 1984, 11 (1): 68-75.

［70］Rumelhart D E, Hinton G E, Williams R J. Learning Representations by Back-Propagating Errors ［J］. Nature, 1986, 323 (2): 533-536.

［71］Sahana M, Sajjad H. Evaluating Effectiveness of Frequency Ratio, Fuzzy Logic and Logistic Regression Models in Assessing Landslide Susceptibility: A Case from Rudraprayag District, India ［J］. Journal of Mountain Science, 2017, 14 (11): 2150-2172.

［72］Schmalz M C. Common-Ownership Concentration and Corporate Conduct ［J］. Annual Review of Financial Economics, 2018, 10 (1): 413-448.

［73］Schulz F. On the Timing and Pricing of Dividends: Comment ［J］. American Economic Review, 2016, 106 (10): 23-31.

［74］Sornette D, Johansen A, Bouchaud J P. Stock Market Crashes, Precursors and Replicas ［J］. Journal of Physics in France, 1996, 6 (1): 167-175.

［75］Tsai J, Wachter J A. Disaster Risk and its Implications for Asset Pricing ［R］. Working Papers, 2015.

［76］Tsuji C. Is Volatility the Best Predictor of Market Crashes? ［J］. Asia-Pacific Financial Markets, 2003, 10 (2-3): 163-185.

［77］Vandewaerde M, Voordedcers W, Lambrechts F, Bammens Y. Board Term Leadership Revisited: A Conceptual Model of Shared Leadership in the Boardroom ［J］. Journal of Business Ethics, 2011, 104 (3): 403-420.

［78］Wachter J A. Can Time-Varying Risk of Rare Disasters Explain Aggregate Stock Market Volatility? ［J］. Journal of Finance, 2013, 68 (3): 987-1035.

［79］Wang J, Liu G, Xiong Q. Institutional Investors' Information Seeking and Stock Price Crash Risk: Nonlinear Relationship Based on Management's Opportunistic Behaviour ［J］. Accounting & Finance, 2020, 60 (5): 7-14.

［80］Wang L, Dai Y, Zhang Y, Ding Y. Auditor Gender and Stock Price Crash Risk: Evidence from China ［J］. Applied Economics, 2020, 52 (55): 1-14.

［81］Welch I. Views of Financial Economists on the Equity Premium and Other Issues ［J］. Journal of Business, 2000 (73): 501-537.

［82］Wright J H. The Local Asymptotic Power of Certain Tests for Fraction Integration [J]. Econometric Theory, 1999, 15 (5): 704-709.

[83] Wu L, Meng Q, Velazquez J C. The Role of Multivariate Skew-Student Density in the Estimation of Stock Market Crashes [J]. European Journal of Finance, 2015, 21 (13): 1144-1160.

[84] Xiang C, Chen F, Wang Q. Institutional Investor Inattention and Stock Price Crash Risk [J]. Finance Research Letters, 2020 (33): 3-6.

[85] Xu F, Ji Q, Yang M. The Pitfall of Selective Environmental Information Disclosure on Stock Price Crash Risk: Evidence from Polluting Listed Companies in China [J]. Frontiers in Environmental Science, 2021 (9): 7-9.

[86] Yeung W H, Lento C. Ownership Structure, Audit Quality, Board Structure, and Stock Price Crash Risk: Evidence from China [J]. Global Finance Journal, 2018 (37): 1-24.

[87] Zhao R. Quantifying the Correlation of Media Coverage and Stock Price Crash Risk: A Panel Study from China [J]. Physica A: Statistical Mechanics and its Applications, 2019 (537): 14-17.

[88] Zhou J, Huang D, Wang H. A Dynamic Logistic Regression for Network Link Prediction [J]. Science China (Mathematics), 2017, 60 (1): 165-176.

[89] Zhou J, Li W, Yan Z, Lyu H. Controlling Shareholder Share Pledging and Stock Price Crash Risk: Evidence from China [J]. International Review of Financial Analysis, 2021 (1): 4-7.

[90] Zhou W X, Sornette D. Antibubble and Prediction of China's Stock Market and Real-Estate [J]. Physica A: Statistical Mechanics and its Applications, 2004, 337 (1-2): 243-268.

[91] 车德欣, 戴美媛, 吴非. 企业数字化转型对融资成本的影响与机制研究 [J]. 金融监管研究, 2021 (12): 56-74.

[92] 陈浪南, 刘逖, 黄杰鲲, 王艺明, 黄后川, 邹功达. 中国股票市场的风险溢价与泡沫度量 [R]. 上海证券交易所联合研究计划第四期课题报告, 2002.

[93] 陈晓红, 张泽京, 王傅强. 基于 KMV 模型的我国中小上市公司信用风

险研究 [J]. 数理统计与管理, 2008 (1): 164-175.

[94] 程博. 分析师关注与企业环境治理——来自中国上市公司的证据 [J]. 广东财经大学学报, 2019, 34 (2): 74-89.

[95] 楚有为. 去杠杆与股价崩盘风险——基于政策压力的检验 [J]. 现代财经 (天津财经大学学报), 2021, 41 (8): 34-50.

[96] 褚剑, 方军雄. 中国式融资融券制度安排与股价崩盘风险的恶化 [J]. 经济研究, 2016, 51 (5): 143-158.

[97] 邓鸣茂, 梅春. 高溢价并购的达摩克斯之剑: 商誉与股价崩盘风险 [J]. 金融经济学研究, 2019, 34 (6): 56-69.

[98] 丁岚, 骆品亮. 基于 Stacking 集成策略的 P2P 网贷违约风险预警研究 [J]. 投资研究, 2017, 36 (4): 41-54.

[99] 董晨昱, 刘维奇, 汪颖杰. 最大日收益率效应成因及投资策略分析——来自中、美股票市场的对比研究 [J]. 经济问题, 2018 (1): 27-35.

[100] 董纪昌, 庞嘉琦, 李秀婷, 董志. 机构投资者持股与股价崩盘风险的关系——基于市场变量的检验 [J]. 管理科学学报, 2020, 23 (3): 73-88.

[101] 方匡南, 陈子岚. 基于半监督广义可加 Logistic 回归的信用评分方法 [J]. 系统工程理论与实践, 2020, 40 (2): 392-402.

[102] 方匡南, 章贵军, 张惠颖. 基于 Lasso-Logistic 模型的个人信用风险预警方法 [J]. 数量经济技术经济研究, 2014, 31 (2): 125-136.

[103] 方勇. 中国股票市场自组织临界性与对数周期幂律的实证研究 [J]. 统计与决策, 2011 (10): 36-38.

[104] 冯苗胜, 王连生, 林文水. Logistic 与 SEIR 结合模型预测新型冠状病毒肺炎传播规律 [J]. 厦门大学学报 (自然科学版), 2020, 59 (6): 1041-1046.

[105] 付刚. 引入信用风险变量的企业财务预警模型构建 [J]. 金融理论与实践, 2010 (10): 60-66.

[106] 傅超, 王文姣, 何娜. 客户与审计师匹配关系、监督治理与股价崩盘风险 [J]. 管理科学, 2020, 33 (4): 67-81.

[107] 高波, 李言, 李萌. 住房抵押贷款与银行业风险分析——来自中国商业银行的经验证据 [J]. 产业经济研究, 2019 (4): 101-112.

［108］宫义飞，夏艳春，罗开心，王艳．上市公司业绩预告偏差对股价崩盘风险的影响——基于内部控制的视角［J］．财经理论与实践，2020，41（5）：53-60.

［109］郭怡然，王秀利．基于 BP 神经网络的股市大小盘风格轮动预测［J］．计算机仿真，2019，36（3）：239-242.

［110］过新伟，胡晓．公司治理、宏观经济环境与财务失败预警研究——离散时间风险模型的应用［J］．上海经济研究，2012，24（5）：85-97.

［111］韩艳锦，冯晓晴，宋建波．基于信息生成环节的分析师关注与股价崩盘风险［J］．管理学报，2021，18（2）：279-286.

［112］侯木舟，韩旭里．基于 MATLAB 的神经网络在股市预测中的应用［J］．系统工程，2003（2）：112-115.

［113］胡珺，潘婧，陈志强，周林子．非执行董事的公司治理效应研究——股价崩盘风险的视角［J］．金融论坛，2020，25（9）：61-71.

［114］黄金波，陈伶茜，丁杰．企业社会责任、媒体报道与股价崩盘风险［J］．中国管理科学，2022，30（3）：1-12.

［115］黄锐，赖晓冰，赵丹妮，汤子隆．数字金融能否缓解企业融资困境——效用识别、特征机制与监管评估［J］．中国经济问题，2021（1）：52-66.

［116］黄顺武，方春丽．并购商誉减值如何影响股价崩盘风险［J］．金融监管研究，2021（10）：59-75.

［117］黄晓波，高晓莹．基于神经网络的企业财务危机预警研究——以制造业上市公司为例［J］．会计之友，2015（5）：30-34.

［118］黄政，吴国萍．内部控制质量与股价崩盘风险：影响效果及路径检验［J］．审计研究，2017（4）：48-55.

［119］江轩宇．税收征管、税收激进与股价崩盘风险［J］．南开管理评论，2013，16（5）：152-160.

［120］江轩宇，许年行．企业过度投资与股价崩盘风险［J］．金融研究，2015（8）：141-158.

［121］姜付秀，蔡欣妮，朱冰．多个大股东与股价崩盘风险［J］．会计研究，2018（1）：68-74.

［122］蒋红芸，王雄元．内部控制信息披露与股价崩盘风险［J］．中南财经政法大学学报，2018（3）：23-32+158-159.

［123］金春雨，张浩博．我国股票市场流动性溢价规模效应、价值效应与非对称效应［J］．经济问题，2017（1）：48-54.

［124］孔宁宁，魏韶巍．基于主成分分析和 Logistic 回归方法的财务预警模型比较——来自我国制造业上市公司的经验证据［J］．经济问题，2010（9）：112-116.

［125］李成刚，贾鸿业，赵光辉，付红．基于信息披露文本的上市公司信用风险预警——来自中文年报管理层讨论与分析的经验证据［J］．中国管理科学，2023，31（2）：18-29.

［126］李春涛，王悦，张璇．激进避税行为与股价暴跌风险——外部监管视角与因果识别策略［J］．财贸经济，2021，42（6）：37-53.

［127］李红琨，陈永飞，赵根．基于现金流的财务预警研究：线性概率模型与 Logistic 模型之应用比较［J］．经济问题探索，2011（6）：102-105+111.

［128］李健欣，蒋华林，施赟．官员晋升压力会增加国有企业股价崩盘风险吗？［J］．财经理论与实践，2020，41（6）：51-56.

［129］李小玲，崔淑琳，赖晓冰．数字金融能否提升上市企业价值？——理论机制分析与实证检验［J］．现代财经（天津财经大学学报），2020，40（9）：83-95.

［130］李长娥，谢永珍．董事会权力层级、创新战略与民营企业成长［J］．外国经济与管理，2017，39（12）：70-83.

［131］连玉君，刘畅．质押新规、股价崩盘风险与公司价值［J］．中山大学学报（社会科学版），2021，61（5）：182-196.

［132］梁琪，刘笑瑜，田静．经济政策不确定性、意见分歧与股价崩盘风险［J］．财经理论与实践，2020，41（3）：46-55.

［133］梁上坤，徐灿宇，王瑞华．董事会断裂带与公司股价崩盘风险［J］．中国工业经济，2020（3）：155-173.

［134］刘浩，唐松，楼俊．独立董事：监督还是咨询？——银行背景独立董事对企业信贷融资影响研究［J］．管理世界，2012（1）：141-156.

［135］刘淑春，闫津臣，张思雪，林汉川．企业管理数字化变革能提升投入产出效率吗［J］．管理世界，2021，37（5）：170-190+13.

［136］刘文琦．引入公司内部治理的财务危机预警研究［J］．江西社会科学，2012，32（8）：56-61.

［137］刘星，苏春，邵欢．家族董事席位超额控制与股价崩盘风险——基于关联交易的视角［J］．中国管理科学，2021，29（5）：1-13.

［138］刘逸爽，陈艺云．管理层语调与上市公司信用风险预警——基于公司年报文本内容分析的研究［J］．金融经济学研究，2018，33（4）：46-54.

［139］马改云，孙仕明．短期融资券发行利差风险结构探析——基于 Z 值模型的计量［J］．审计与经济研究，2009，24（2）：102-106.

［140］马连福，杜善重．数字金融能提升企业风险承担水平吗［J］．经济学家，2021（5）：65-74.

［141］马若微．KMV 模型运用于中国上市公司财务困境预警的实证检验［J］．数理统计与管理，2006（5）：593-601.

［142］马新啸，汤泰劼，郑国坚．非国有股东治理与国有资本金融稳定——基于股价崩盘风险的视角［J］．财经研究，2021，47（3）：35-49.

［143］马勇，王满，马影．影子银行业务会增加股价崩盘风险吗［J］．财贸研究，2019，30（11）：83-93.

［144］苗丹．环境不确定性、产品市场竞争与股价崩盘风险［J］．财会通讯，2017（21）：85-90.

［145］倪克金，刘修岩．数字化转型与企业成长：理论逻辑与中国实践［J］．经济管理，2021，43（12）：79-97.

［146］潘泽清．企业债务违约风险 Logistic 回归预警模型［J］．上海经济研究，2018（8）：73-83.

［147］祁怀锦，曹修琴，刘艳霞．数字经济对公司治理的影响——基于信息不对称和管理者非理性行为视角［J］．改革，2020（4）：50-64.

［148］邵剑兵，费宝萱．控股股东股权质押与股价崩盘风险——基于公司控制权转移视角［J］．商业研究，2020（12）：110-123.

［149］史永，李思昊．披露关键审计事项对公司股价崩盘风险的影响研究

［J］. 中国软科学, 2020 (6)：136-144.

［150］司登奎, 李小林, 赵仲匡. 非金融企业影子银行化与股价崩盘风险［J］. 中国工业经济, 2021 (6)：174-192.

［151］苏坤. 政治关联对公司股价崩盘风险的影响［J］. 管理评论, 2021, 33 (7)：54-67.

［152］孙刚, 郑琦. 高新技术企业资质认定与上市企业股价崩盘风险——基于产业政策微观实施的证据［J］. 财经论丛, 2021 (6)：78-89.

［153］孙翔宇, 孙谦. 机构投资者异质性、融资融券制度与股价崩盘风险［J］. 上海金融, 2019 (10)：8-18.

［154］孙莹, 崔静. 中国僵尸企业的识别及预警研究［J］. 河海大学学报（哲学社会科学版）, 2017, 19 (5)：81-89.

［155］覃邑龙, 梁晓钟. 银行违约风险是系统性的吗［J］. 金融研究, 2014 (6)：82-98.

［156］唐松莲, 孙经纬, 李丹蒙. 国有股参股家族企业可抑制股价崩盘风险吗？［J］. 上海财经大学学报, 2021, 23 (6)：3-19.

［157］王宏鸣, 孙鹏博, 郭慧芳. 数字金融如何赋能企业数字化转型？——来自中国上市公司的经验证据［J］. 财经论丛, 2022 (10)：3-13.

［158］王化成, 曹丰, 叶康涛. 监督还是掏空：大股东持股比例与股价崩盘风险［J］. 管理世界, 2015 (2)：45-57+187.

［159］王化成, 侯粲然, 刘欢. 战略定位差异、业绩期望差距与企业违约风险［J］. 南开管理评论, 2019, 22 (4)：4-19.

［160］王晶晶, 刘沛. 私募股权投资、制度环境与股价崩盘风险［J］. 管理评论, 2020, 32 (2)：63-75.

［161］王敬勇, 王源昌. 盈余管理能否增加财务危机预警的预测能力——来自中国 ST 上市公司的证据［J］. 云南师范大学学报（哲学社会科学版）, 2010, 42 (2)：133-141.

［162］王君萍, 白琼琼. 我国能源上市企业财务危机预警研究［J］. 经济问题, 2015 (1)：109-113.

［163］王开科, 吴国兵, 章贵军. 数字经济发展改善了生产效率吗［J］. 经

济学家，2020（10）：24-34.

［164］王凯，常维．董事会非正式层级如何影响公司战略变革？［J］．首都经济贸易大学学报，2018，20（3）：87-94.

［165］王可，李连燕．"互联网+"对中国制造业发展影响的实证研究［J］．数量经济技术经济研究，2018，35（6）：3-20.

［166］王莉．引入违约距离的修正 KMV 模型在财务危机预警中的应用［J］．统计与决策，2017（17）：88-91.

［167］王唯贤，陈利军．股票价格预测的建模与仿真研究［J］．计算机仿真，2012，29（1）：344-347.

［168］王向荣，周静宜．中国上市保险公司风险度量适用性研究——基于 Z 模型与 KMV 模型的应用比较［J］．会计研究，2018（23）：84-88.

［169］王永萍，纪秋英，柴佳佳．基于 FOA 算法的 Logistic 回归模型的财务预警研究［J］．系统科学与数学，2017，37（2）：573-586.

［170］王竹泉，张晓涵．资金供求关系视角下的财务困境预警研究［J］．会计与经济研究，2021，35（6）：21-36.

［171］文守逊，赵浩为．基于 Logistic-SVM 的上市公司总经理离职行为预警模型研究［J］．现代管理科学，2010（6）：109-111.

［172］汶海，高皓，陈思岑，肖金利．行政审计监管与股价崩盘风险——来自证监会随机抽查制度的证据［J］．系统工程理论与实践，2020，40（11）：2769-2783.

［173］吴非，胡慧芷，林慧妍，任晓怡．企业数字化转型与资本市场表现——来自股票流动性的经验证据［J］．管理世界，2021，37（7）：130-144+10.

［174］吴非，向海凌，刘心怡．数字金融与金融市场稳定——基于股价崩盘风险的视角［J］．经济学家，2020（10）：87-95.

［175］夏常源，王靖懿，傅代国．保险资金持股与股价崩盘风险——市场"稳定器"还是崩盘"加速器"？［J］．经济管理，2020，42（4）：158-174.

［176］夏诗颖，孔昭君，丁宣宣，石晓阳．基于主成分分析和 BP 神经网络算法的股权众筹风险评价研究［J］．技术经济，2021，40（11）：146-154.

[177] 夏诗园. 基于 KMV 模型的地方政府债务风险预警研究 [J]. 金融评论, 2019, 11 (4): 114-126.

[178] 向德伟. 运用"Z 记分法"评价上市公司经营风险的实证研究 [J]. 会计研究, 2002 (11): 53-57.

[179] 肖静华. 企业跨体系数字化转型与管理适应性变革 [J]. 改革, 2020 (4): 37-49.

[180] 谢永珍, 张雅萌, 吴龙吟, 董斐然. 董事地位差异、决策行为强度对民营上市公司财务绩效的影响研究 [J]. 管理学报, 2017, 14 (12): 1767-1776.

[181] 熊熊, 张宇, 张维, 张永杰. 股指期货操纵预警的 Logistic 模型实证研究 [J]. 系统工程理论与实践, 2011, 31 (7): 1287-1292.

[182] 徐飞, 薛金霞. 内部控制评价、审计师监督与股价崩盘风险——"治理观"抑或"机会观"[J]. 审计与经济研究, 2021, 36 (4): 33-45.

[183] 许兴军, 颜钢锋. 基于 BP 神经网络的股价趋势分析 [J]. 浙江金融, 2011 (11): 57-59+64.

[184] 许屹. 信用评级变动的时效性研究——基于违约距离视角 [J]. 技术经济与管理研究, 2017 (8): 79-83.

[185] 鄢翔, 耀友福. 放松利率管制、银行债权治理与股价崩盘风险——基于中央银行取消贷款利率上下限的准自然实验 [J]. 财经研究, 2020, 46 (3): 19-33.

[186] 严永焕. 事务所选聘与股价崩盘风险:市场"守门人"名副其实吗 [J]. 现代经济探讨, 2021 (5): 56-69.

[187] 杨柏辰, 张怡, 郭炜. 基于 Logistic 回归模型的企业财务风险诊断研究 [J]. 系统科学学报, 2021, 29 (3): 84-87.

[188] 杨贵军, 孙玲莉, 周亚梦, 石玉慧. 基于修正 Benford 律的财务危机预警 Logistic 模型及其应用 [J]. 数理统计与管理, 2021, 40 (4): 585-595.

[189] 杨棉之, 赵鑫, 张伟华. 机构投资者异质性、卖空机制与股价崩盘风险——来自中国上市公司的经验证据 [J]. 会计研究, 2020 (7): 167-180.

[190] 杨淑娥, 徐伟刚. 上市公司财务预警模型——Y 分数模型的实证研究 [J]. 中国软科学, 2003 (1): 56-60.

[191] 杨松令，张秋月，刘梦伟，石倩倩．控股股东股权质押"同群效应"与股价崩盘风险 [J]．经济管理，2020，42（12）：94-112．

[192] 姚禄仕，林蕾．过度投资与股价崩盘风险——基于经营与财务风险的路径影响 [J]．华东经济管理，2021，35（10）：101-109．

[193] 叶康涛，曹丰，王化成．内部控制信息披露能够降低股价崩盘风险吗？[J]．金融研究，2015（2）：192-206．

[194] 叶显，曹直，向海凌．企业金融资产配置如何影响股价崩盘风险？——基于期限结构异质性视角下的机制检验 [J]．金融评论，2020，12（4）：67-83+125．

[195] 易露霞，吴非，徐斯旸．企业数字化转型的业绩驱动效应研究 [J]．证券市场导报，2021（8）：15-25+69．

[196] 易志高，茅宁．中国股市投资者情绪测量研究：CICSI 的构建 [J]．金融研究，2009（11）：174-184．

[197] 殷群，田玉秀．数字化转型影响高技术产业创新效率的机制 [J]．中国科技论坛，2021（3）：103-112．

[198] 于孝建，程宇，肖炜麟．中国股市泡沫破裂临界时点动态置信区间研究 [J]．中国管理科学，2022，30（5）：41-53．

[199] 曾德麟，蔡家玮，欧阳桃花．数字化转型研究：整合框架与未来展望 [J]．外国经济与管理，2021，43（5）：63-76．

[200] 翟华云，李倩茹．企业数字化转型提高了审计质量吗？——基于多时点双重差分模型的实证检验 [J]．审计与经济研究，2022，37（2）：69-80．

[201] 张程睿．公司信息披露对投资者保护的有效性——对中国上市公司 2001-2013 年年报披露的实证分析 [J]．经济评论，2016（1）：132-146．

[202] 张宏亮，王靖宇．公司层面的投资者保护能降低股价崩盘风险吗？[J]．会计研究，2018（10）：80-87．

[203] 张乐勤，陈发奎．基于 Logistic 模型的中国城镇化演进对耕地影响前景预测及分析 [J]．农业工程学报，2014，30（4）：1-11．

[204] 张玲，曾维火．基于 Z 值模型的我国上市公司信用评级研究 [J]．财经研究，2004（6）：5-13．

［205］张玉英，谢远涛，郝芳静．过度投资对企业股价崩盘风险的影响研究——基于货币政策视角［J］．金融论坛，2021，26（11）：67-80.

［206］赵宸宇，李雪松，等．数字化转型如何影响企业全要素生产率［J］．财贸经济，2021，42（7）：114-129.

［207］赵国宇，王善平．审计合谋的特征变量、预警模型及其效果研究［J］．会计研究，2009（6）：73-81.

［208］赵向琴，袁靖．罕见灾难风险与中国股权溢价［J］．系统工程理论与实践，2016，36（11）：2764-2777.

［209］周爱民，遥远．真实盈余管理、监督压力与股价崩盘风险［J］．上海金融，2018（7）：1-6.

［210］周蕾，周萍华，方岳．高管薪酬结构调整与股价崩盘风险："利益趋同"还是"堑壕防御"？［J］．财贸研究，2020，31（8）：87-98.

［211］周璐，张晓美．公司研发投入与股价崩盘风险——来自 A 股上市公司的经验证据［J］．经济问题，2020（7）：67-75.

［212］周勤业，卢宗辉，金瑛．上市公司信息披露与投资者信息获取的成本效益问卷调查分析［J］．会计研究，2003（5）：3-10+65.

［213］周泽将，汪帅，王彪华．经济周期与金融风险防范——基于股价崩盘视角的分析［J］．财经研究，2021，47（6）：108-123.

［214］朱孟楠，梁裕珩，吴增明．互联网信息交互网络与股价崩盘风险：舆论监督还是非理性传染［J］．中国工业经济，2020（10）：81-99.

［215］祝合良，王春娟．"双循环"新发展格局战略背景下产业数字化转型：理论与对策［J］．财贸经济，2021，42（3）：14-27.

［216］邹燕，李梦晓，林微．直接控股股东持股与股价崩盘风险——基于过度投资和现金分红的中介效应［J］．财经科学，2020（2）：12-25.